Aufbruch nach Deutschland

Aufbruch nach Deutschland

Sechzehn Foto-Essays
Mit einem Text von Maxim Biller

Sibylle Bergemann
Harald Hauswald
Ute Mahler
Werner Mahler
Jens Rötzsch
Thomas Sandberg
Harf Zimmermann

OSTKREUZ
Agentur der Fotografen

NICOLAI

Gesamtgestaltung:
Grischa Meyer, Berlin
Lektorat:
Carolin Hilker-Siebenhaar
Lithos:
City-Repro, Berlin
Druck:
H.Heenemann GmbH, Berlin

Printed in Germany
ISBN 3-87584-462-9

Umschlagfoto:
Sibylle Bergemann, 1991

Gefördert mit Mitteln der
Stiftung Kulturfonds.

Wir danken

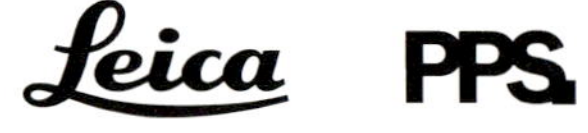

PPS.

Inhalt

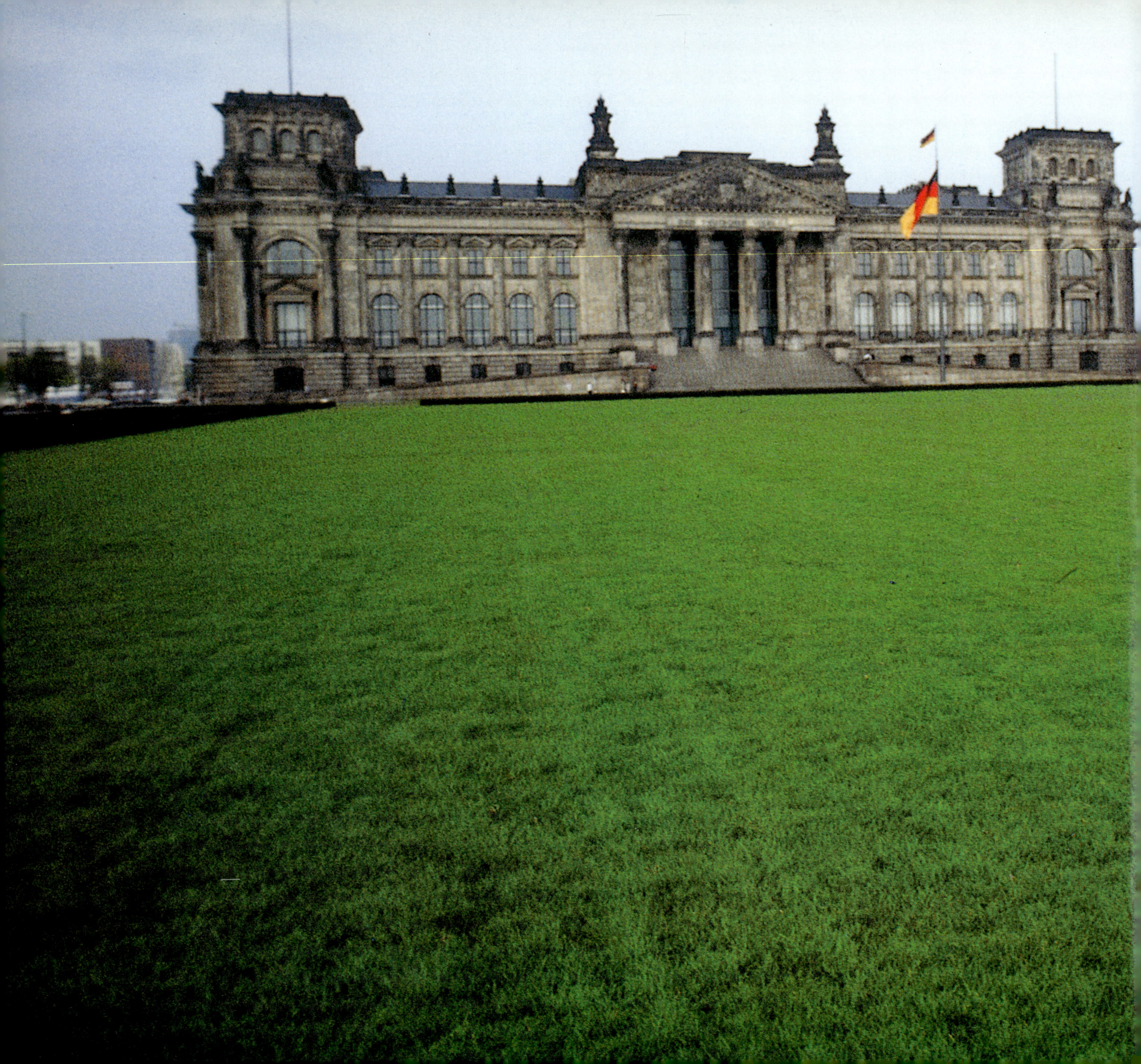

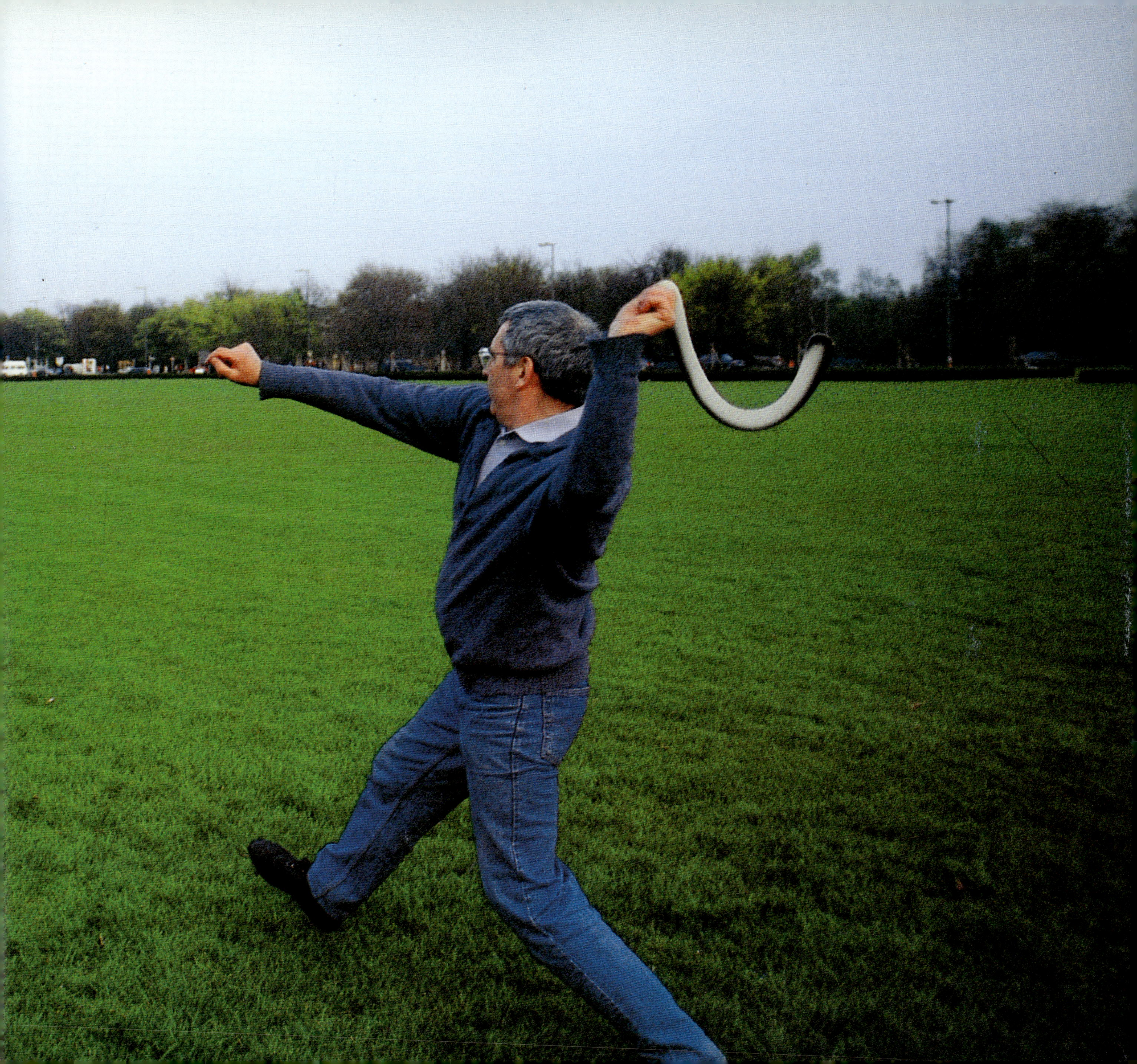

Maxim Biller

SCHWEIGEN ÜBER DEUTSCHLAND

Manchmal erinnere ich mich an das Paradies. Manchmal denke ich an die Zeit, als Rainer Werner Fassbinder fürs Fernsehen Soap-Operas drehte und Jack Londons »Seewolf« in dieser kongenialen deutschen Verfilmung herauskam, deren gleißendblaue Farben und melancholische Musik ich niemals vergessen kann. Fußballspieler hatten damals lange Haare, dichte Koteletten und eine dedizierte politische Meinung. Mädchen trugen die Hosen so eng, daß den Jungs kein einziges Detail ihrer Körpertopographie entging. Kabarettisten waren Popstars und ein paar linke Politiker auch. Und im »Stern« kam gleich nach der Haffner-Kolumne eine zehnseitige Paco-Rabane-Schau. Verrückte, vergessene Tage! Man gab die Olympischen Spiele im levantinischen München (drei Kreuze hinter Goebbels' Preußenberlin), Jörg Schröder war mit seinem Amerikanisierungs-Projekt »März«-Verlag noch nicht pleite, und die italienische Eßkultur verdrängte den protestantisch-asketischen Grünkohlmief. Und während »Amon Düül« ihre ersten englischen Texte machten, nahmen wir im Deutschunterricht die »Beatles« durch, und Rolf Dieter Brinkmann war auch noch ganz wach und am Leben und mit ihm die Jugend, gierig und durstig nach fremder, populärer Weltenkultur.

Seiten 6/7: Werner Mahler

Damals, Anfang der Siebziger, wurde ein neues Deutschland geboren, damals erst schlug die wirkliche Stunde Null. Ein paar Jahre vorher hatte sich die Jugend von Berlin und Frankfurt gegen ihre Eltern erhoben, hatte schreckliche Fragen gestellt und noch schrecklichere Antworten gekriegt, sie hatte gezetert, gezürnt und zwangsbereut, und als sie nun aber in ihrem post-revolutionären Kater bemerkte, daß der Haß gegen die Alten in Wahrheit auch gegen sich selbst gerichtet gewesen war, aus Wut über den gräßlichen Makel der unentschuldbaren Erbschuld, da wandte die 68er-Brigade für ein paar Jahre den Blick nach außen und entfernte sich fröhlich vom eigenen Ich.

Das ist ganz wörtlich zu verstehen, nicht metaphysisch und erst recht nicht ironisch. Denn irgendwie müssen die jungen Deutschen der Nachkriegszeit, die aus dem Geschlecht der Massenmörder und ihrer Dulder kamen, gespürt haben, was Sache war: Nazismus war Narzißmus gewesen, die maßlose, perverse Eigenliebe eines furchtsamen Volkes, das immer schon viel zu wenig Selbstbewußtsein gehabt hatte, um das andere, das Fremde anzuschauen und zu ertragen – auch ohne es zu verstehen. So haben Hitlers Kriege in Wahrheit nichts anderes bedeutet als den Versuch eines deutschen Kleinbürgers, den Völkern dieser Welt mit Gewalt die deutsche Kleinbürgerei als Lebensstil und Weltanschauung aufzuzwingen, und natürlich hat er die Juden deshalb am meisten von allen gehaßt, weil sie wie niemand sonst auf ihrer Eigenart bestanden, auf ihrer fast monolithisch zu nennenden Identität, auf dieser sinnlichen Mischung aus Weltbürgertum und Verwurzelung, die ironischerweise gerade den intellektuellen, gekünstelten Schollenfetischismus der Deutschen seit jeher so aufschlußreich und erhellend konterkariert.

Nein, von Blut und Boden wollte die Jeunesse dorée der jungen Bundesrepublik nichts wissen. Und sie hatte, von ein paar verklemmten Innerlichkeits-Literaten abgesehen, kein Interesse mehr an der altromantischen deutschen Selbstbeschau, an dieser so sinnlosen, sprachlosen Obduktion des Volkskörpers und der nationalen Seele, die immer schon das eingebildete, psychotische Germanentum bedingt hat. Nun sollte endgültig die von den Nazis verhängte kulturelle Selbstisolation beendet werden, deren Fugen trotz Adenauer und Schumacher, trotz Stockhausen und Gruppe 47 noch so verdammt dicht waren, es sollte endlich Schluß sein mit deutscher Paranoia und Psycho-Masturbation. Und so schwärmten sie in die Welt hinaus, unsere Eltern und älteren Geschwister, in Jesuslatschen wohlgemerkt und nicht in Knobelbechern, sie entdeckten Ibiza, das East Village und die Toscana, Monterey und den Boulevard Saint Michelle, und auch jene, die zuhause blieben, hatten plötzlich nur noch die Gerüche fremder Städte und Strände in der Nase und die Sätze ausländischer Schriftsteller im Kopf.

Was sind das nur für Deutsche gewesen! Die ganze Welt wurde zu ihrem Revier, und nur Deutschland war für sie kein Thema. Sie haben nach den befreienden und gleichzeitig so fragwürdigen Gesetzen einer kollektiven nationalen Amnesie gelebt, sie haben in dieser fast rauschhaften Selbstvergessenheit und Selbstverleugnung ihr Glück gefunden und zugleich die gesamte westdeutsche Nachkriegsgesellschaft mit der daraus erwachsenen Lebenslust und Weltneugier angesteckt. Ihnen allein ist es zu verdanken, daß aus Currywurst-Proletariern nun plötzlich Surfbrett-Kosmopoliten wurden und aus grimmigen Privatgelehrten Freunde der französischen Philosophie und Cafémentalität. Sie haben erreicht, daß nach Globke und Kiesinger Lafontaine und Geissler kamen, daß inzwischen auch unsere Kleinbürger von Sexappeal und Stil sprechen und deutsche Züge drinnen nicht mehr graubraun sind, sondern kirchentagslila oder babyblau. Und natürlich wären – man muß schließlich gerecht sein – ohne die Einsichten dieser Generation-Vor-Uns die achtziger Jahre niemals so fröhlich geworden, so unbeschwert und undogmatisch, so prall mit Worten, Melodien und Bildern der westlich-demokratischen Pop-Zivilisation, zusammengehalten von dieser streng utilitaristischen Logik, die allein nach der Wahrheit fragte und nie nach einem weltanschaulichen Zweck. Denn wo einst Andy Warhol zum Superstar wurde, gehörte den Klugen und Schönen ganz automatisch der nächste Sieg.

Ach, manchmal erinnere ich mich an das Paradies. Manchmal denke ich tatsächlich an die gute alte Zeit und frage mich gleichzeitig, ob nicht alles bloß Einbildung war, ob ich nicht wie ein Greis die Vergangenheit idealisiere. Ja, das frage ich mich, und ich versuche dabei so ernst und sachlich wie möglich zu bleiben, und am Ende gebe ich mir dann auch selbst eine Antwort, und die lautet klipp und klar: nein.

Nein, ich verkläre nicht. Denn ich weiß ganz genau, daß am 9. November des verfluchten Jahres 1989 alles ganz anders wurde, an dem Tag, als im Osten das Tor zu jenem Gefängnis aufging, von dem ich heute immer öfter denke, daß es nicht bloß Terror pur gewesen ist, sondern irgendwie eben doch die verdiente Strafe für Weltkrieg und Holocaust, ein quasi metaphysischer Käfig, in den die deutsche Bestie zum Wohl der Menschheit fast ein halbes Jahrhundert lang eingeschlossen gewesen ist. Wie sonst soll man sich nämlich erklären, daß über Nacht aus der bunten, fröhlichen, kosmopolitischen Bundesrepublik dieser schwermütig preußische Leviathan werden konnte, dieser von Chauvinismus und Demokratiehaß geschüttelte Trauerkloß, dessen Bewohner auf einmal wieder so rüde mit den Fremden umgehen, wie sie sonst nur zu sich selbst sind, und die vor allem aber so tun, als hätten sie die vierzig Jahre Pop-und Hollywood-Umerziehung einfach nicht mitgekriegt.

Ich rede hier, damit das klar ist, nicht von jungen Skinheads und alten Nazis, nicht von Auschwitzlügen-Lüge, Stalingrad-Revisionismus, Peenemünde-Revival oder dieser einen Dresdner Bombennacht-Mahnfeier, die als einzige von allen Lichterketten wohl wirklich nichts anderes war als ein verkappter Fackelzug. Ich rede nicht davon, daß die Bundesbahn plötzlich für ihre Billigtickets mit dem Slogan »Halber Preis fürs ganze Volk« Werbung macht, eine neue Schnaps-Kampagne in dem Satz »Ich bin ein reiner Deutscher!« gipfelt und jede zweite Fernsehmoderatorin mittlerweile so aussieht, als entstamme sie einem von Vidal Sassoon betriebenen Lebensborn. Und vielleicht rede ich nicht einmal darüber, daß viele unserer Balkanfrieden-Politiker in Wahrheit nicht gegen die Tschetniks kämpfen, sondern nur für die Erlösung Deutschlands von seiner Weltkriegsschuld – denn wer die Opfer von gestern so inbrünstig-einseitig als die Täter von heute anklagt, für den ist Hitler gewiß nur ein von der Geschichte längst relativierter Bonzai-Karadzić.

Natürlich rede ich von all dem, was denn sonst. Aber noch viel schlimmer – weil ursprünglicher, grundsätzlicher – als diese oberflächliche, fast ein wenig linkische Chauvinismusorgie, die außer ein paar versprengten Altlinken kaum mehr jemand zur Kenntnis nimmt, ist etwas ganz anderes: die plötzliche, aus den tiefen Untiefen des deutschen Gemütsraumes aufsteigende Sehnsucht nach Zucht, Ordnung und Vaterland. Da betreten dann unter lautem Applaus Botho Strauß, Ernst Nolte oder Peter Gauweiler die Bühne, weil sie ganz offen Liberalismus, Kapitalismus sowie den amerikanisch-westlichen Demokratie-und-Freiheits-Begriff als undeutsch verfluchen und dieser Gesellschaft einen starken Führer wünschen. Da formiert sich die immer breiter werdende Front gegen die vermeintliche Entartung von Kunst & TV durch zuviel Sex und Gewalt, angeführt von Helmut Kohl, Angela Merkel und jenen Reichskunstwarten vom »Spiegel«, die gegenüber Leuten wie Jeff Koons oder Jonathan Demme dieselbe Kleinbürger-Verachtung artikulieren wie Professor Unrat sie einst gegen die moderne Kunst gehegt haben muß, bevor er mit Lola auf Reisen ging. Und da wird das Dönhoff-Schmidt-Manifest »Weil das Land sich ändern muß« zum Bestseller, weil darin zur Zufriedenheit der neuen, der 89er Law-and-Order-Deutschen geschrieben steht, das liberale Deutschland von heute sei in Wahrheit eine »Raffgesellschaft«, in der »Gewalt, Korruption und ein egozentrischer Bereicherungstrieb als normal angesehen« würden, weshalb man nun endlich begreifen müsse: »Der Nationalsozialismus hat die konservativen Werte von Heimat, Vaterland, Treue und Opferbereitschaft pervertiert.«

Ist sie das wieder, die deutsche Bestie? Kehrt nun tatsächlich alles zurück, was längst von der Geschichte zerstört und zerstäubt schien? Verwandelt sich unsere kosmopolitische Republik tatsächlich in einen ordnungsstaatlichen Krähwinkel zurück, in einen amoralischen Schildbürgerstaat? Ist, mit anderen Worten, das Projekt »Zivilisierung Deutschlands« am Ende also doch noch gescheitert?

Woher soll ich das heute schon wissen. Ich weiß nur, wie die große Wende begann, und ich bin mir vollkommen sicher, daß man eines auf keinen Fall tun darf: alles auf die zerfallene DDR schieben, aus deren stalinistischer Asche allein sich jetzt angeblich, wie manche behaupten, ein faschistischer Phönix erhebt. Der Käfig, von dem ich vorhin sprach, ist nämlich keineswegs als ein ganz konkretes, geographisches Gebilde zu begreifen - und der Geist, der in ihn so lange eingeschlossen war, nicht als das absolut reale kollektive Gedankengut der Bewohner des ehemaligen Sowjettrabanten.

Klar: Es wäre so einfach, nun von Honeckers Kleinbürgerlichkeit und Mielkes Blockwarttum, von Sascha Andersons Denunziationen und Heiner Müllers Kriegssehnsucht anzufangen. Es wäre so leicht, zu erklären, daß es allein die Seele dieses totalitären deutschen Staates (der übergangslos gleich zwei Diktaturen erleben mußte) sei, die nun unsere Demokratie vergifte. Es wäre so simpel, zu behaupten, im Osten allein sei nun der teutonische Teufel los, während im Westen noch immer die Weltbürgerparty tobe – und es wäre vor allem so falsch. Denn die Renaissance einer neualten meist konservativen und manchmal auch rechtsradikalen deutschen Weltanschauung wurde zuerst in westdeutschen Köpfen erdacht und geboren, in den Köpfen einer einst sehr linken, sehr bürgerlichen Intellektuellen-Schar, die eines Tages aufwachte und feststellen mußte, daß es ein Thema gab, über das sie noch nie vorher wirklich nachgedacht, publiziert, schwadroniert hat: nämlich über Deutschland – und somit auch über sich selbst.

Das geschah, natürlich, als Osteuropa zu wackeln begann, als der Kreml seine so undurchdachte Revolution-Von-Oben initiierte und mit der Demontage des Stalinismus absurderweise auch der Sozialismus als Ersatzreligion für viele an Kraft verlor. Und während also im Osten Deutschlands die Menschen auf der Straße von der Einheit träumten, weil sie einfach nur frei sein wollten und glücklich und reich, während in Halle und Leipzig und Erfurt Nationalismus anfangs wirklich nur der pragmatische Ausdruck für Demokratie und Wohlstand gewesen war, begann im Westen, in Feuilletons, Lektorenzimmern und Universitäten, angesichts des Todes des Roten Gottes und einer gewissen postmodernen Leere wieder einmal die große deutsche Selbstgrübelei. Ja, es waren wirklich vor allem jene, die sich seinerzeit, in den Tagen des irdischen Gartens Eden, als reumütige Kinder der Mörder um die Verwestlichung Deutschlands so verdient gemacht hatten, die nun plötzlich so affektiert und ernst wie ein wilhelminischer Studienrat eine spezifische nationale Identität für sich zu reklamieren begannen, die feige und weltabgewandt zurückkrochen in das eingebildete, provinzielle Deutschen-Ich. Sie sprachen, als hätte es nie die Aufklärung gegeben, von Stärke und Differenz, sie kramten schon bald im romantischen Repertoire von Spengler, Rosenberg und Mohler, sie halluzinierten von dem wohlfeil-dekadenten Kriegsmut Ernst Jüngers und der tyrannischen Entschlußkraft Carl Schmitts, und als dann später die Mauern der Asylantenheime rauchten, taten sie – die Verkünder eines herbeigesehnten neuen Fin de siècle – einfach so, als wüßten sie von nichts.

Es ist seit Jahrhunderten dasselbe Spiel: Wer über Deutschland räsonniert, wer es intellektuell bestimmen und somit auch feiern und konstituieren will, wird eben jedesmal als Brandstifter und Mörder enden. Denn das Nachdenken und Sprechen über Deutschland ist immer schon ganz automatisch ein leeres, aussichtsloses Unterfangen gewesen, ein verzweifelter Versuch, etwas herbeizureden und herbeizuschießen, was man als Deutscher per se gar nicht besitzen kann: die warme, ruhige Liebe zum eigenen Land und den eigenen Menschen. Das klingt fast ein wenig absurd, nicht wahr, und es stimmt trotzdem, denn am Ende ist alles immer nur eine Frage des Herzens, und Wahrheit und Richtigkeit liegen im klaren Gefühl. Die Gefühle der Deutschen aber sind nur selten von mediterranem Feuer oder angelsächsischer Gelassenheit. Sie sind etwas, was man, statt es zu haben, lieber novalismäßig bespricht oder wagnerartig zu Gemüt hochstilisiert. Sie werden unterdrückt, ignoriert, als Kitsch und Pathos verachtet – und zugleich aber rein abstrakt als etwas Göttliches, Erhabenes begehrt. Das dadurch entstehende Murmeln, Lavieren und Drucksen ist im Alltag von Freunden und Familien schon anstrengend und fürchterlich genug. Bei den wirklich großen Fragen aber führt es dann wie von selbst zur politischen Katastrophe: Wer nämlich Emotionen als jüdisch-welsches Teufelswerk betrachtet und dabei seit Jahrhunderten nach sowas Großgefühligem wie der nationalen Einheit ringt, wer – bei aller Nabelschau – sich selbst nicht lieben kann und dafür die anderen verachtet, sucht allein im Haß gegen sie nach seinem Spiegelbild.

Das alles hatte einst eine deutsche Generation eingesehen und begriffen, weshalb sie so lange von Deutschland schwieg, und wenn sie aber die eigene Geschichte beschrieb und erwähnte, dann meinte sie immer die andern, dann sprach sie einzig und allein von jenen, die einst von den Soldatenvätern ums Leben gebracht worden sind.

Und vielleicht war genau dies der große Fehler, denke ich plötzlich. Vielleicht hätte die deutsche Jugend jener längst vergangenen Paradiestage viel mehr an ihr eigenes Land, an ihre eigene Sprache, an ihre Wälder und Bilder und Städte denken sollen und auch an die große gemeinsame Erinnerung, die jedes Volk – egal wie kalt, wie warm – natürlich hat. Vielleicht hätte sie gerade damals, als alles Fremde, andere sie berauschte und faszinierte, nicht ganz so blind und selbstverleugnend in die Welt hinausrennen sollen, vielleicht hätte sie über die eigene Nation eben doch nachsinnen und reden sollen, denn dann bliebe uns heute die so verlogene, solipsistische und verspannte neudeutsche Metaphysik einfach erspart. Dann wären, ich weiß es genau, Deutsche nun einfach Deutsche, und wer neu dazukäme, egal ob aus Ostberlin, dem Banat oder Istanbul, eben auch, und überhaupt wäre Deutschland kein Thema, sondern einfach nur etwas, was man fühlt und weiß. Und ich selbst aber müßte nie wieder über Deutschland schreiben und richten, und das wäre der größte Spaß, denn dann gefiele mir mein Leben wieder und wäre nicht mehr so voll von Schwermut, Lustlosigkeit und Angst.

Manchmal, wenn ich im Zug durch Deutschland fahre, werde ich wütend und ernst. Ich schaue aus dem Fenster, ich sehe rote Dächer, schwarze Bäume und grüne Täler, ich denke an meine Freunde und die Stadt, in der ich lebe, ich erinnere mich an den Geruch von frischem Brot und kalter Milch und nassem Asphalt, und dann endlich begreife ich, daß ich Deutschland liebe, obwohl ich es gar nicht will, und manchmal frage ich mich auch, ob ich mich eines Tages vielleicht doch in den Osten verirren werde, wo ich bis jetzt noch niemals war.

Wer sucht, der findet nicht, und wer nichts erwartet, begehrt als einziger wirklich das Glück.

Schlagende Verbindungen

Fotografiert von Jens Rötzsch, März 1990

In Halle scheppern wieder die Säbel. Die Senioren der »Saxo-Ascania Hallensis« stecken noch in den Kinderschuhen der Fechtkunst. Geschützt durch selbstgebastelte Helme und gesteppte Anzüge, schlagen sie unbeholfen aufeinander ein. Seit der Wende müssen die Studenten nicht mehr befürchten, von Nachbarn angeschwärzt zu werden. Am 10. Februar 1990 gründeten sie offiziell ihr Kartell. Früher benötigten sie den Decknamen »Freundeskreis studentischer Kulturgeschichte« und bemühten sich, nicht aufzufallen. »Farbe zu bekennen«, mit Kappe und Band durch Halle zu gehen, war schon ein Wagnis. Und es war natürlich schwer, an den Unis Studenten zu »keilen«. Nun komme fast täglich jemand, der mit ihnen das »studentische Liedgut pflegen möchte«. Aber die Korpsbrüder nehmen nicht jeden. Zur deutschen Einheit muß er sich bekennen und studentische Tradition und »gesunden Nationalismus« wiederbeleben wollen.
Ende März, beim ersten gemeinsamen Burschenschaftstreffen auf der Wartburg nach dem Zweiten Weltkrieg, wurden die jungen Verbindungen aus der DDR von den österreichischen Organisatoren auf den gesamtdeutschen Kurs eingeschworen. Das »Heilige Deutsche Reich« sei das historisch zwingende Ziel, sagten die Redner. »Das Vaterland muß größer sein. Das ganze Deutschland muß es sein.« Der Applaus der gut 1000 Bürschchen und alten Herren wollte kein Ende nehmen. Bevor sie im Fackelzug den Berg hinuntergingen, sangen sie das Deutschlandlied. Alle drei Strophen.

(Aus: Christian Krug, »Irgendwann zocken wir euch ab«)

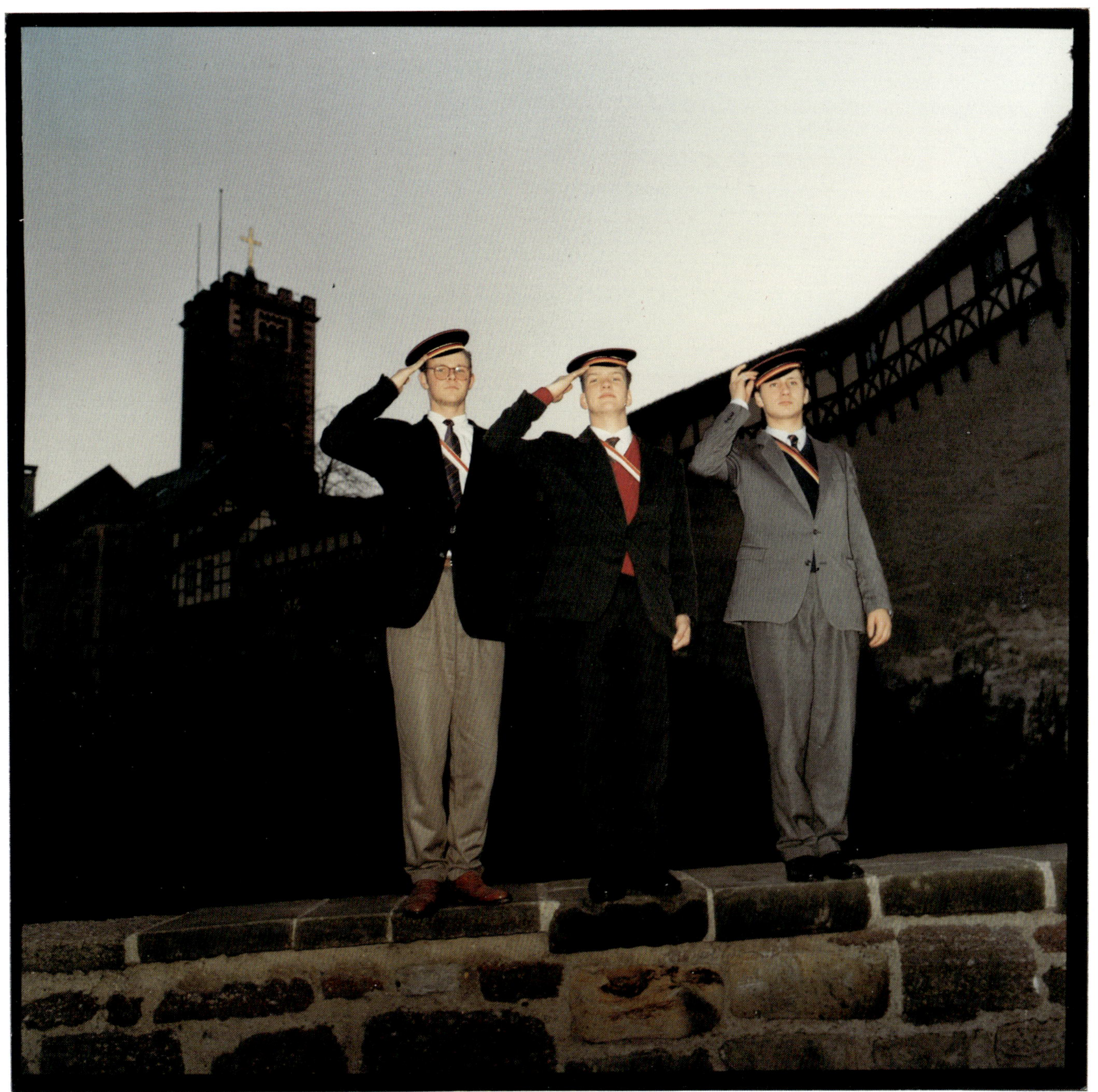

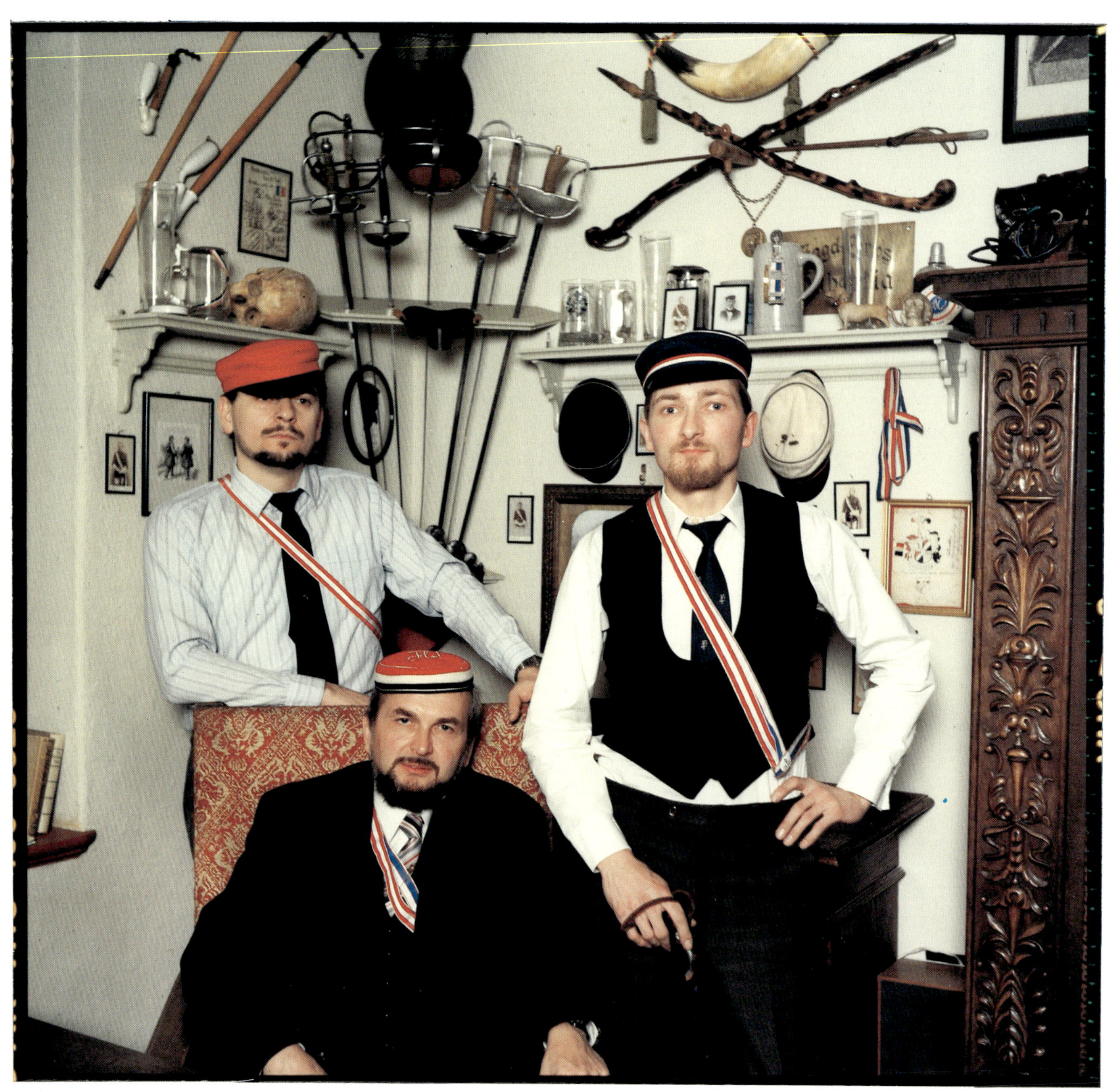

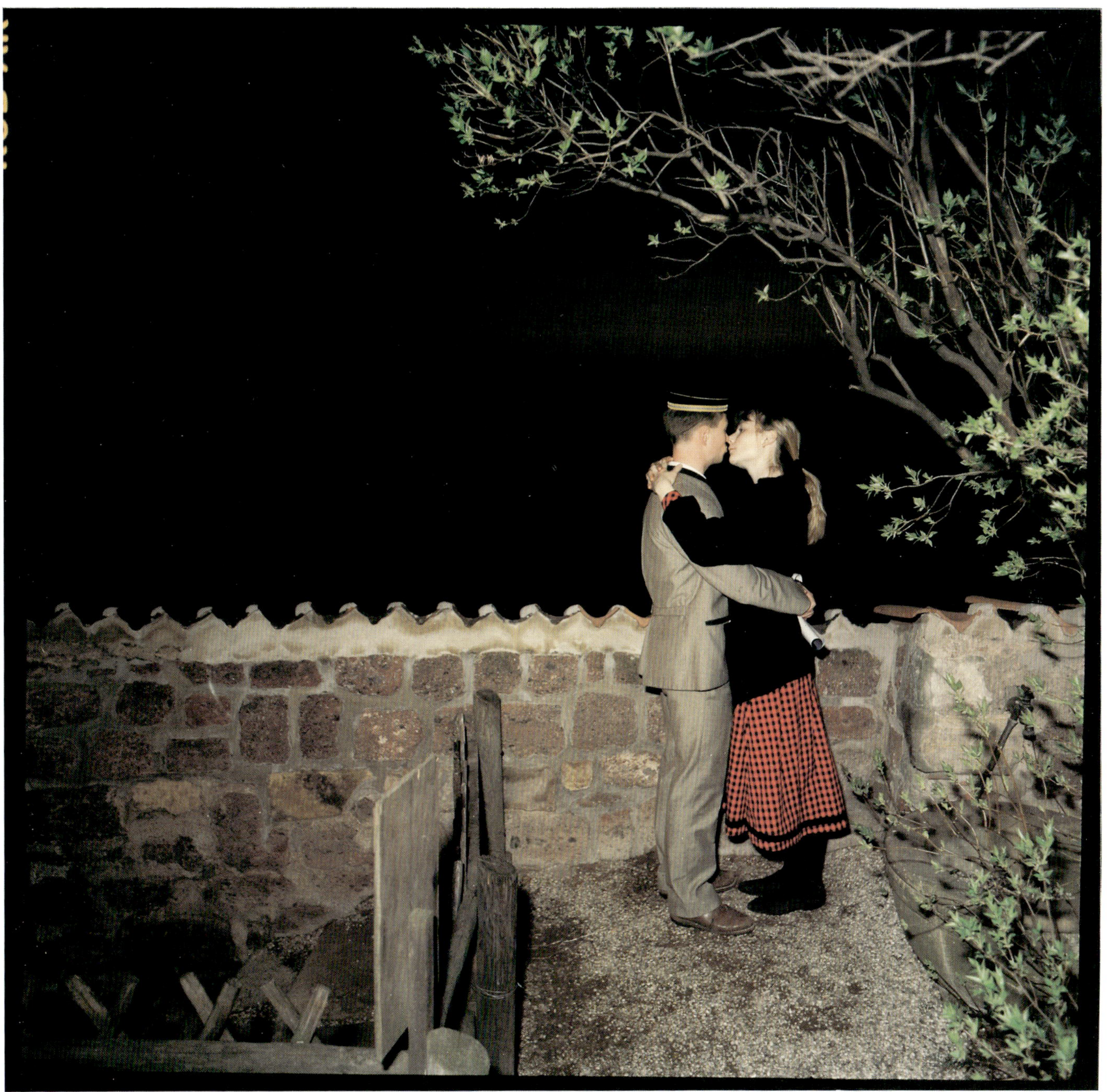

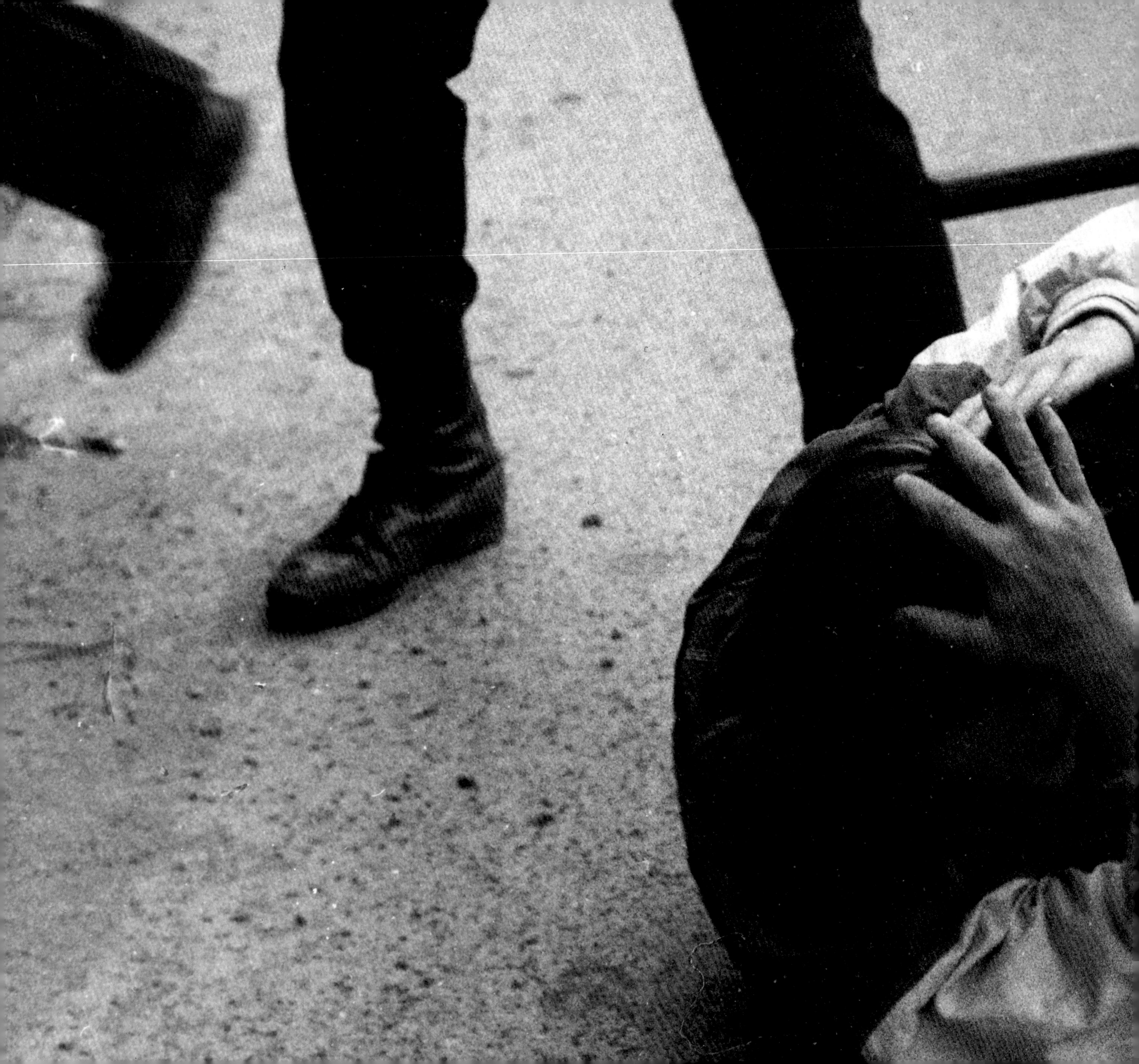

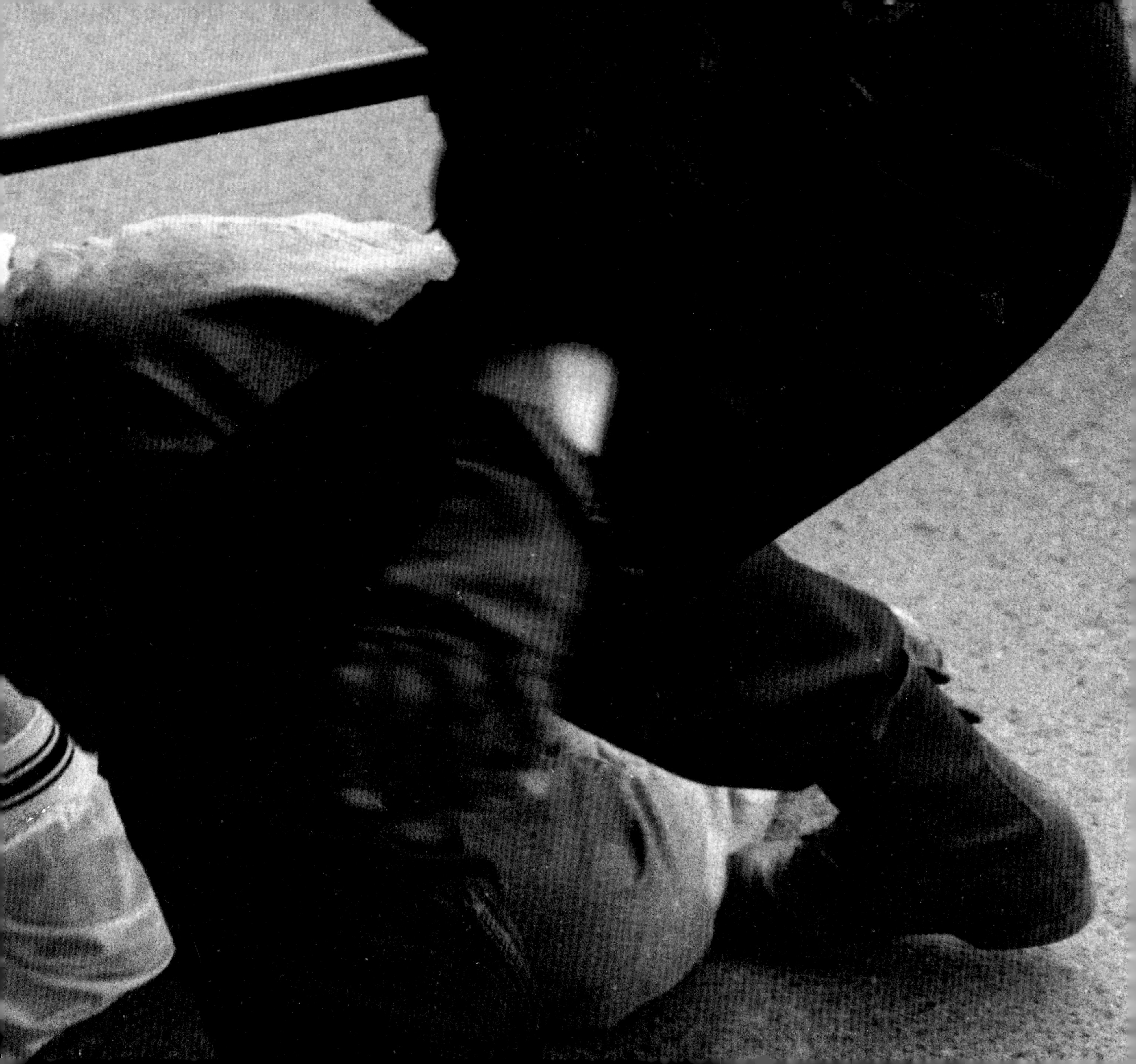

Berlin, Mainzer Straße
Fotografiert von
Harald Hauswald,
14.November 1990

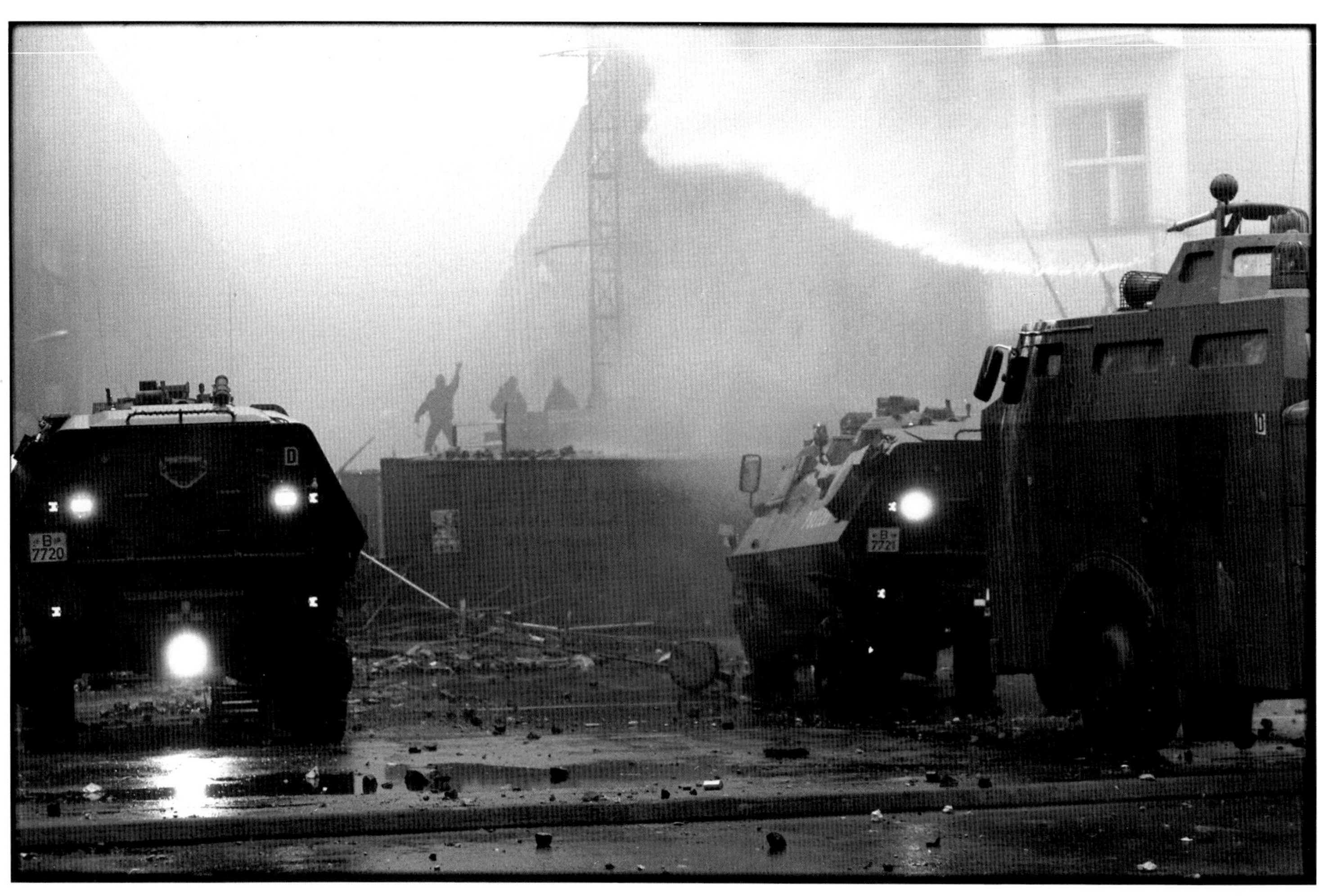

Seiten 16/17:
Harald Hauswald

»Die Besetzung begann kurz nach der Wende, mit der Öffnung der Grenzen. Wir waren positiv eingestellt, als wir gesehen haben, wer hier einzog, weil wir meinten, daß das alles Studenten sind. Wir haben gesagt: Wenn die Lage so schwierig ist, und die finden kaum Wohnraum, kaum ein Zimmer...« (Frau F.,Sonderschullehrerin, Mitglied der Bürgerinitiative Mainzer Straße)

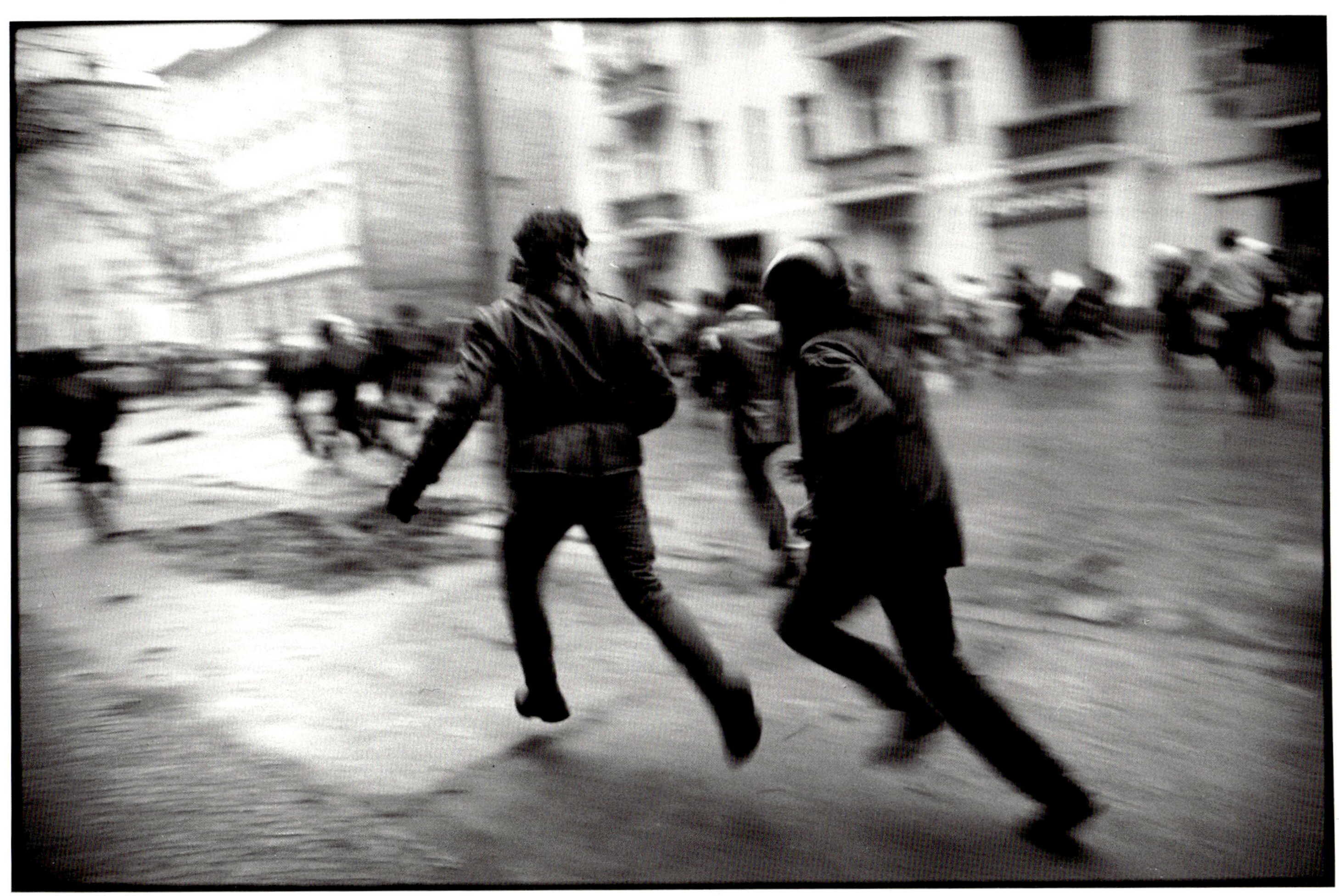

»es war eines der wichtigsten erlebnisse, mit welcher geschlossenheit und entschlossenheit wir uns gegen die enteignung unseres lebensraumes gewehrt haben. ich war aber auch sehr froh, daß wir alle so aufeinander aufgepaßt haben, daß keine/r von uns und auch kein bürger oder bulle liegengeblieben ist...«
(Georg, Mainzer Straße 7)

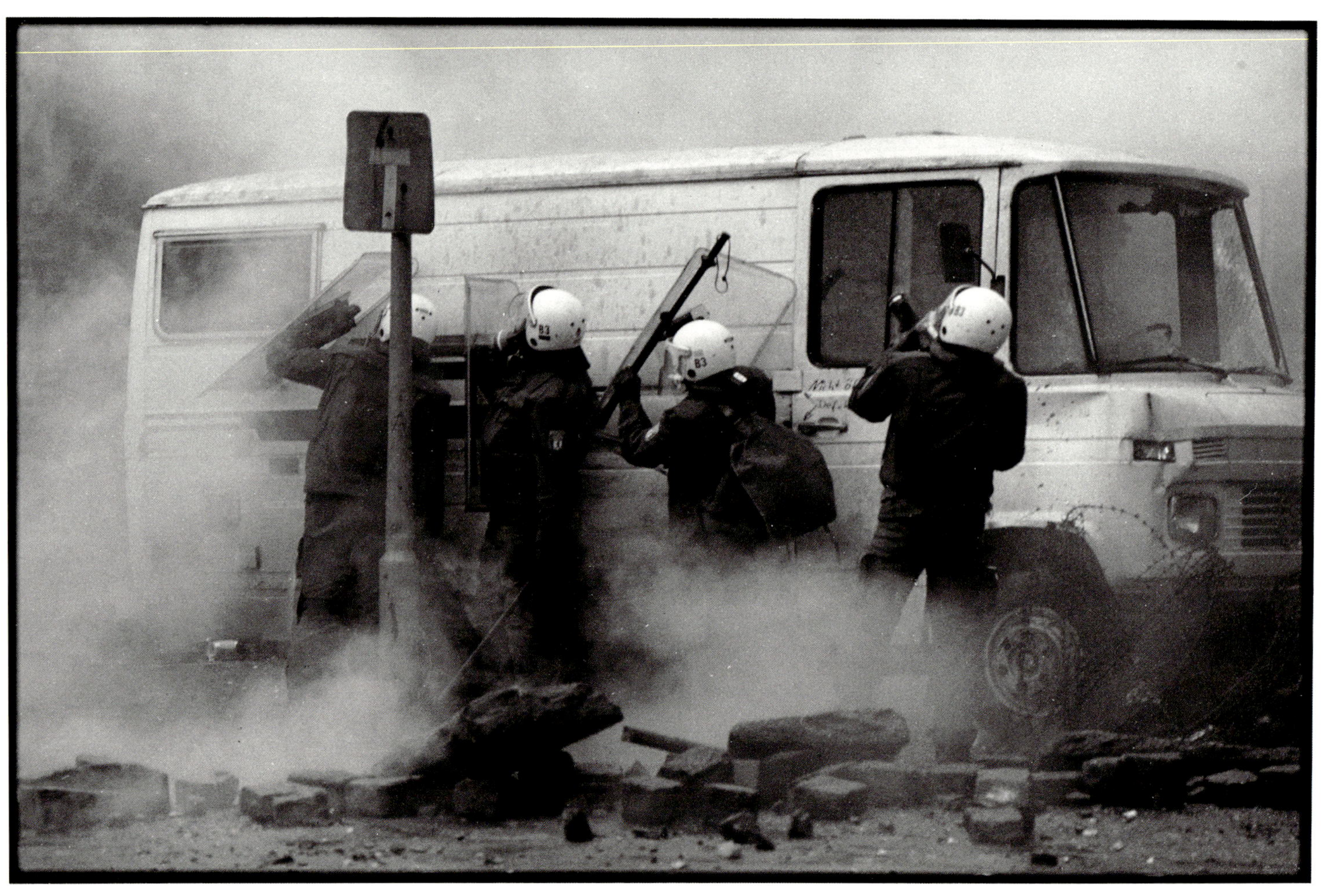

»...Wenn Ihr uns räumt, läuft gar nichts mehr - Verkehrschaos. Ampeln auf Rot stellen. Straßenbarrikaden auf den Hauptverkehrsadern. Notbremsen in U- und S-Bahnen. Feuerwehr beschäftigen durch Müllcontainerbrände. Werdet kreativ und böse! Der Untat folgt die Strafe auf dem Fuß! Eine Million Sachschaden pro Räumung!« (Aus einem Besetzerflugblatt »Was tun damiz brennt«)

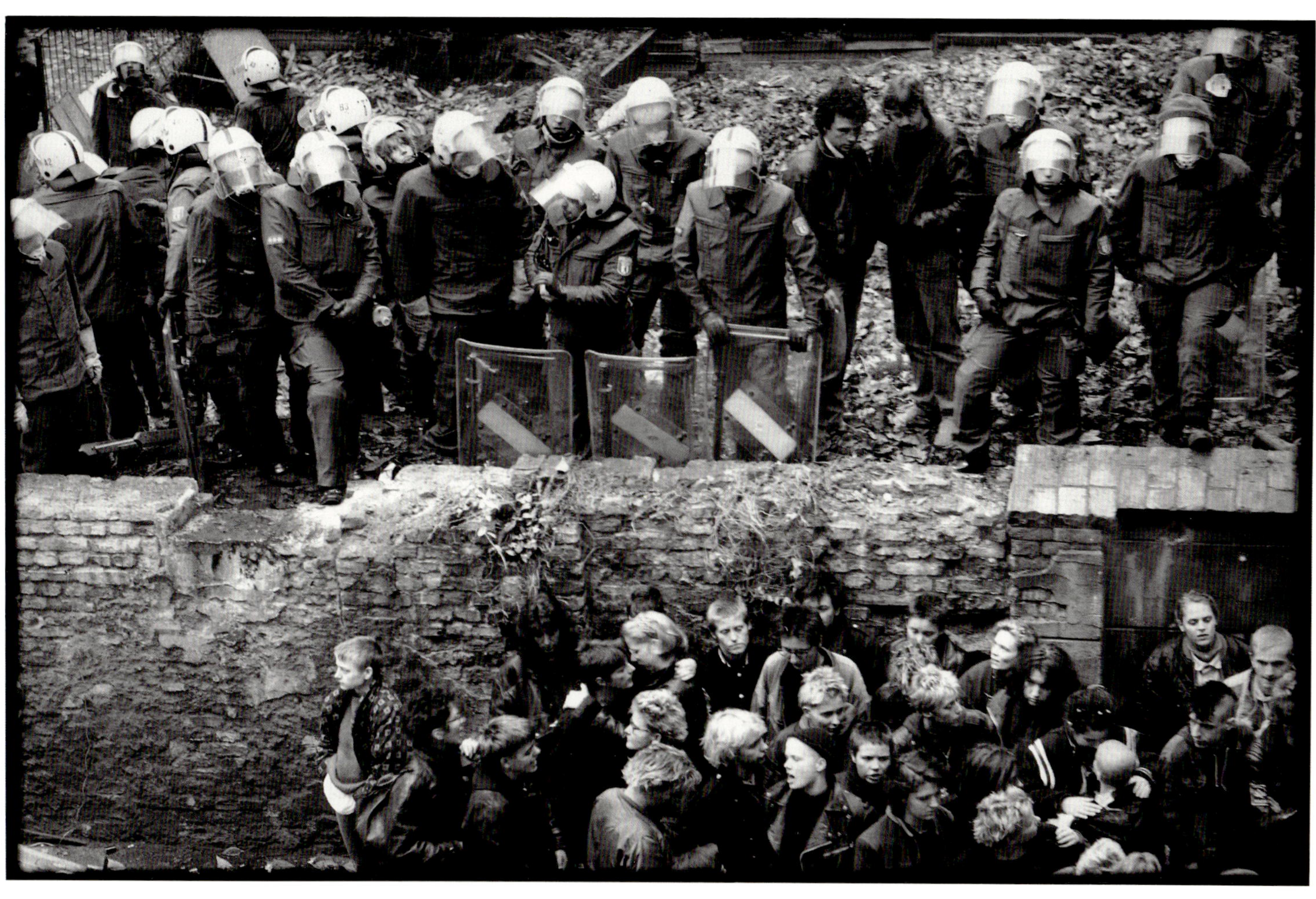

»Du bist durchgelaufen, und du hattest das Gefühl, das ist eine unwahrscheinlich verschworene Gemeinschaft. Also die Leute kennen sich untereinander und sie machen ganz viel miteinander, sind alle ganz lieb und nett zueinander. Und es war alles so offen und frei. Trotz daß die Häuser zugenagelt und gegen alles mögliche gerüstet waren...« (Wolfgang, Mainzer Straße)

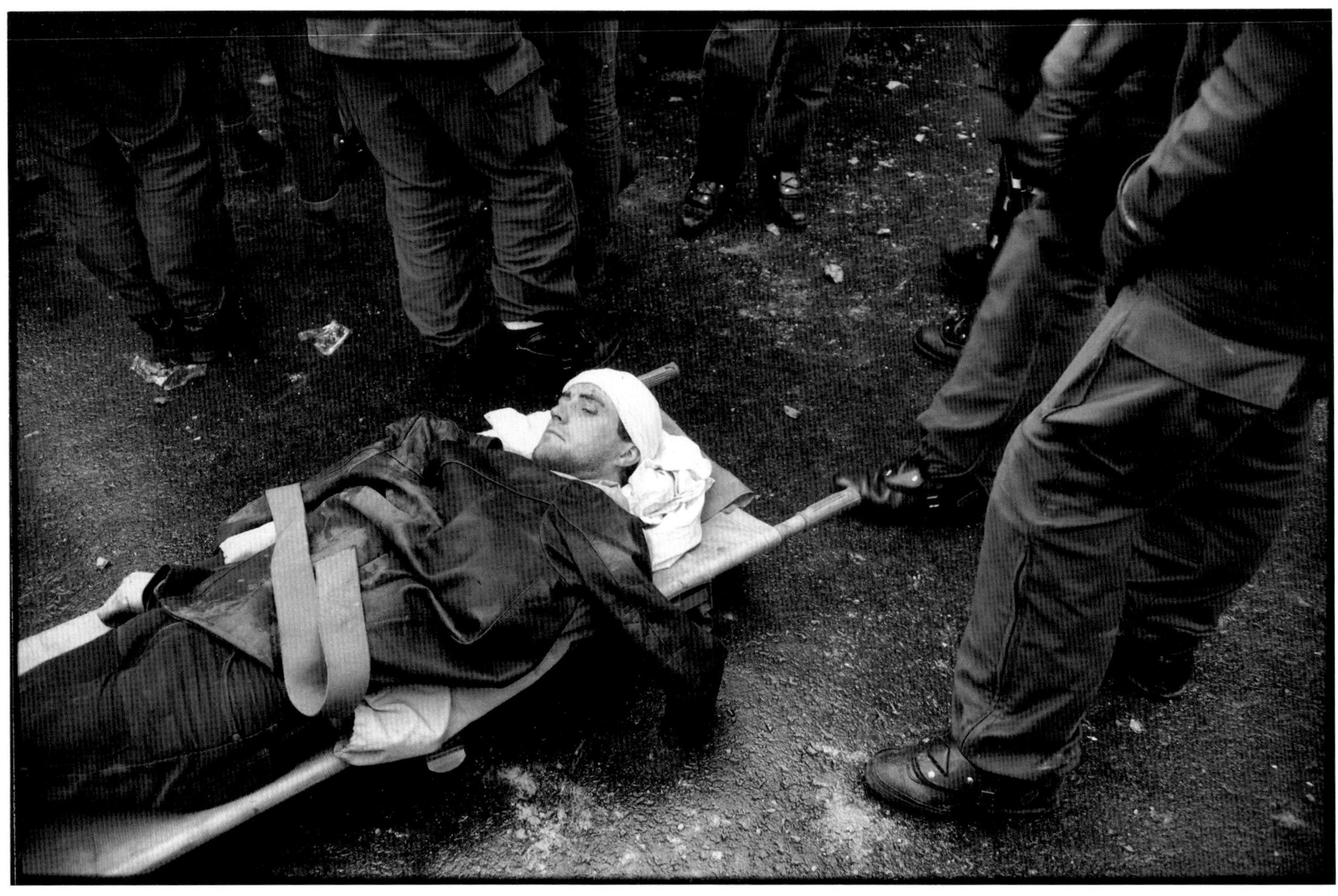

»Diejenigen, die Gewalt wollten (ich trenne die eindeutig von den Hausbesetzern), hatten Fluchtwege geschaffen. Die eigentlichen Hausbesetzer, die damit auch nicht gerechnet hatten, wurden dann aus den Häusern rausgeholt, während diejenigen, die Gewalt wollten, über ihre Mauern und Fluchtwege verschwanden. So kam es, daß die Festgenommenen sagten, daß sie doch friedliche Hausbesetzer seien…«

(Ehemaliger Volkspolizist, im Friedrichshain eingesetzt)

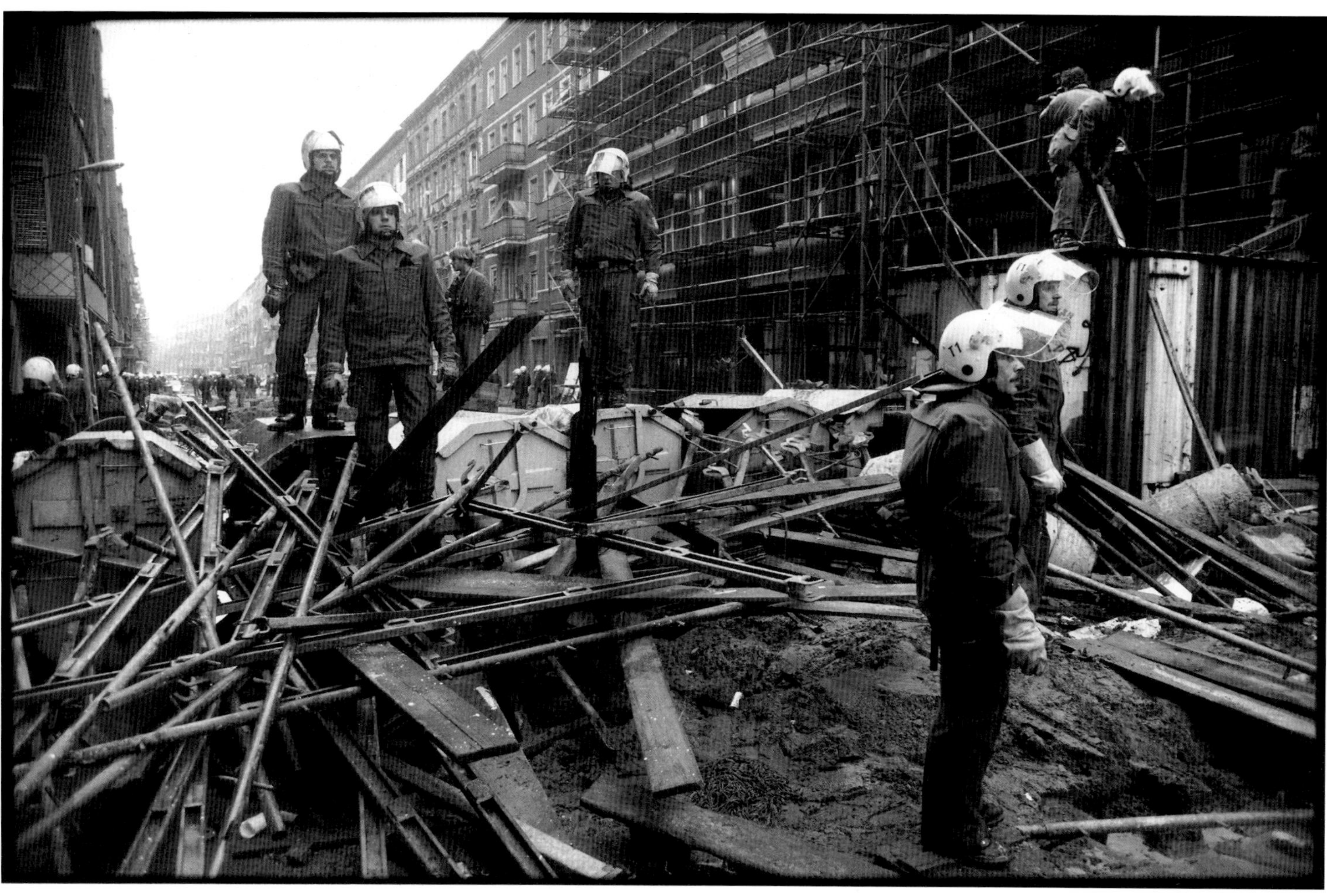

»Die Depression, die verstehe ich schon, aber die führt ja eigentlich zu nichts hin. Man kann dem nur was entgegensetzen, wenn man die Vorgänge als ein politisches Problem begreift und sie in einen größeren Zusammenhang stellt. Wenn man jetzt die Mieterhöhungen sieht und die leerstehenden Wohnungen und die Bodenspekulanten und was da passiert, kann man eigentlich ziemlich sicher sein, daß man in der Bevölkerung Sympathien für einen Protest dagegen findet, aber der muß eben gemeinsam verlaufen und kann nicht mehr von so einer bestimmten Rücksichtslosigkeit sein. Irgendwie muß man zusammen leben.«

(Bärbel Bohley, Neues Forum)

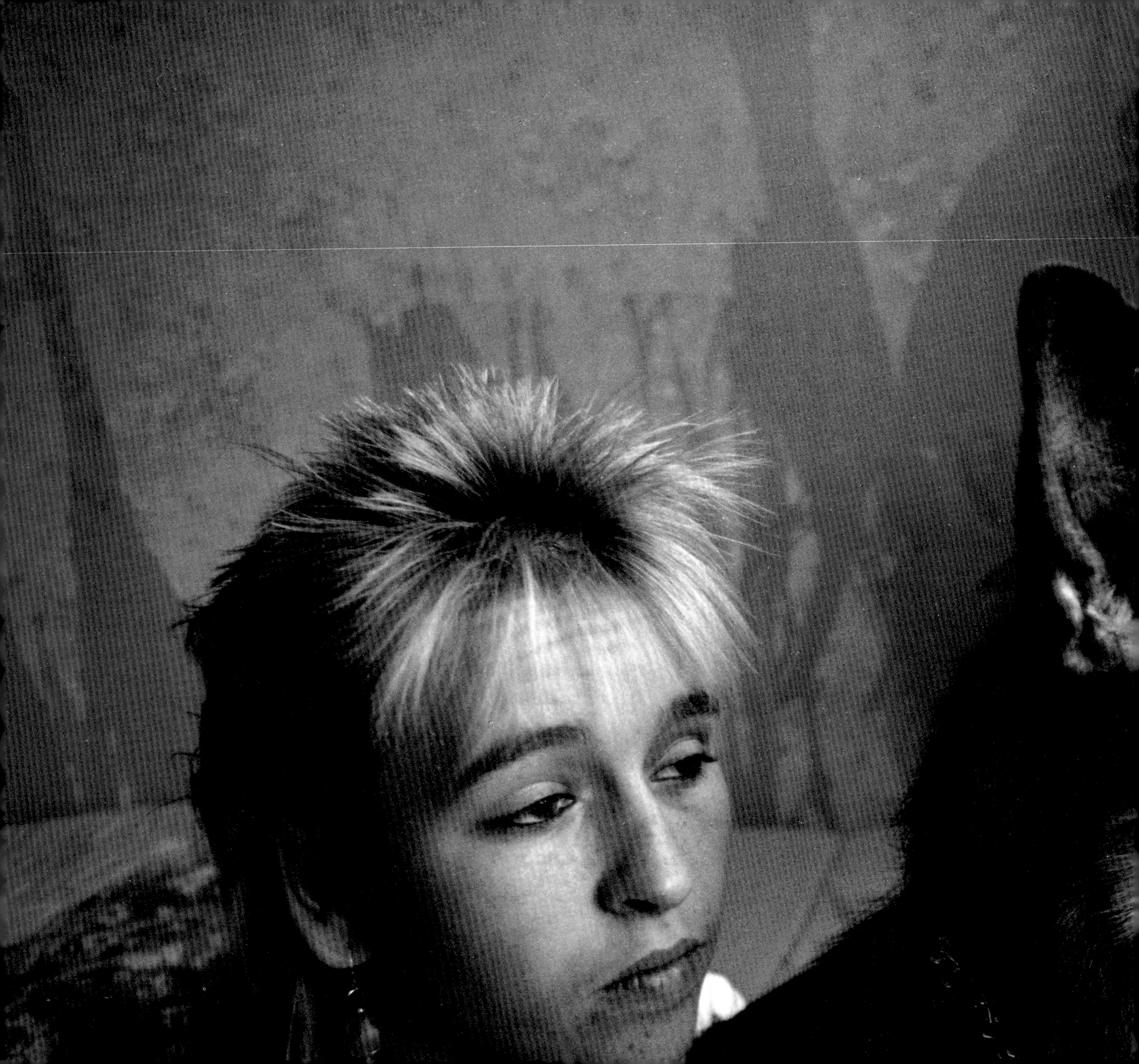

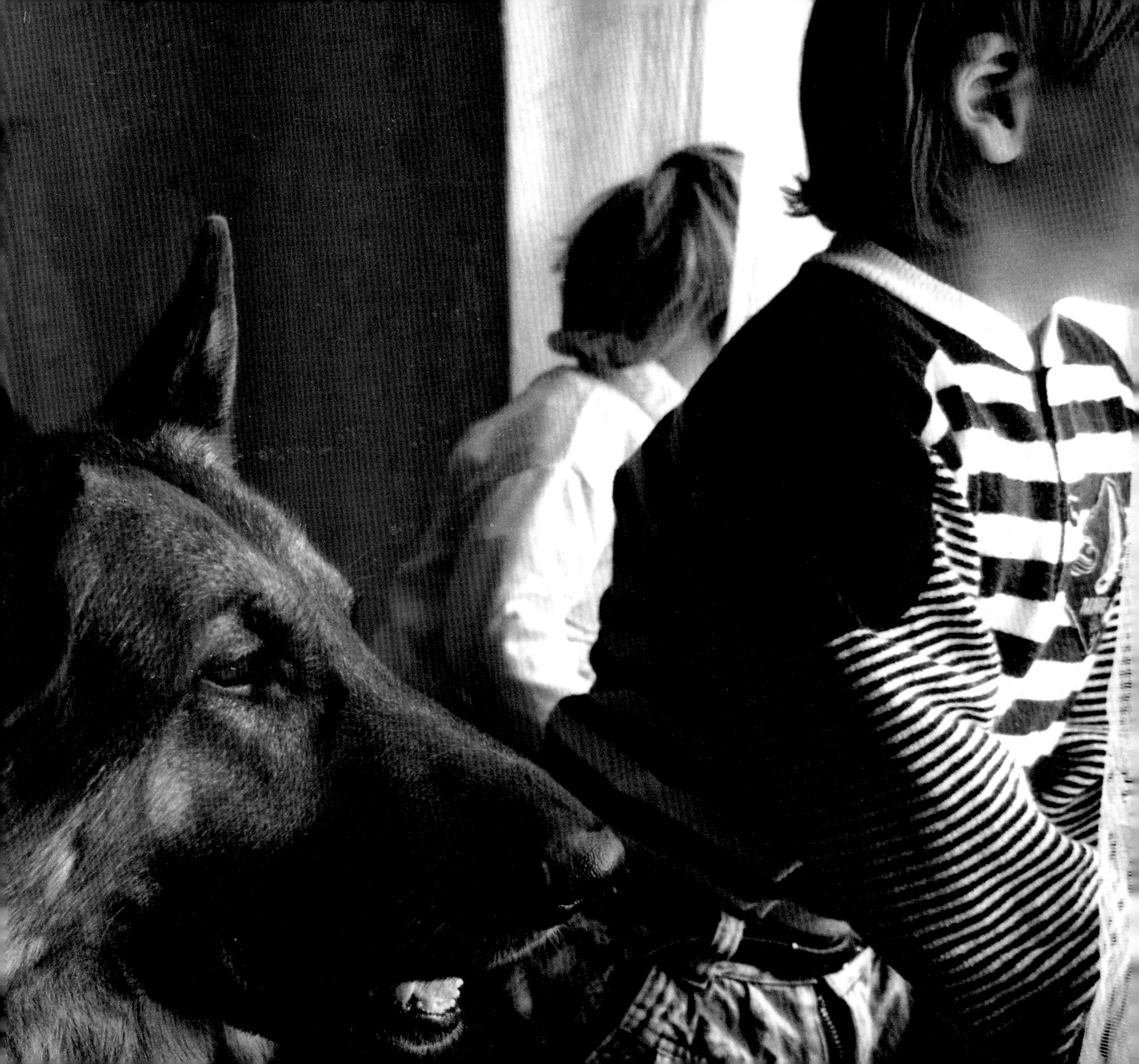

Kinder von Zielitz

Fotografiert von
Harf Zimmermann,
Mai 1991

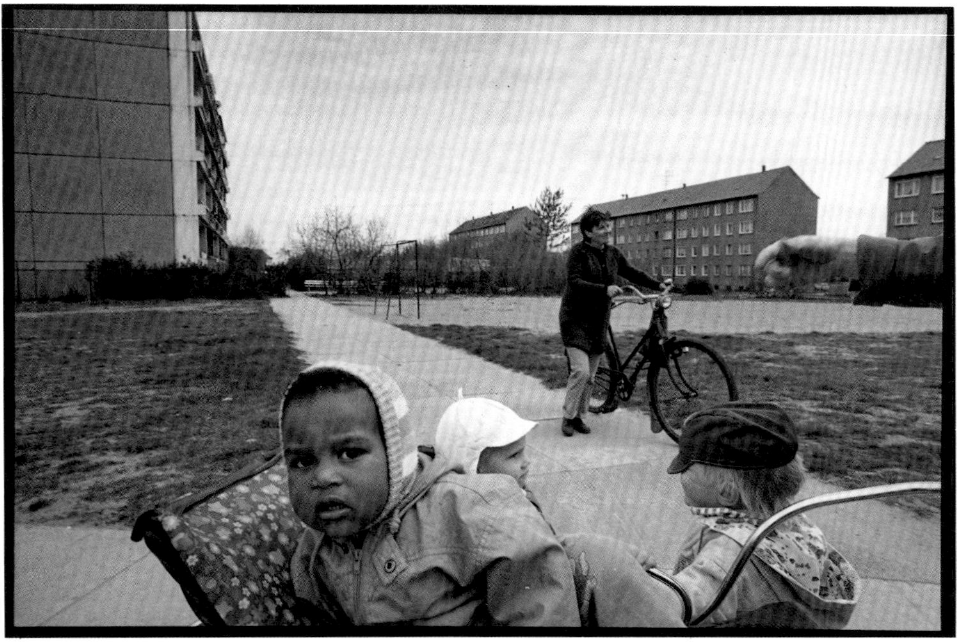

Knapp eine Autostunde entfernt von Magdeburg liegt Zielitz.
Wie in einem Brennglas bündeln sich in diesem 3000-Seelen-Dorf die Probleme dieses Landes, das Ausländer in Ghettos von den Bürgern fernhielt. Der sozialistische Staat hat Ausländerfeindlichkeit verboten, verhindert hat er sie nicht.

Im Dorf heißen sie »die da unten«: 52 Flüchtlinge aus Liberia, Somalia, China, Bulgarien, der Türkei. Niemand hat sie angekündigt, gesagt, wer sie sind, woher sie kommen. Was fremd ist, macht Angst. Und in einer Zeit, in der nichts mehr ist, wie es war, kommen mit der Angst Wut und Gewalt: Zwei Brandsätze flogen ins Asylantenheim. Auch wenn niemand Schaden nahm, verletzt waren alle.

Kinder haben es leichter: Spielen ist international. Die Kinder der Asylbewerber gehen in Kindergarten und Schule und haben sich gut eingelebt in Zielitz. Jeden Tag kommen deutsche Kinder zum Asylantenheim, toben und kreischen mit den ausländischen Kindern um die Wette. Die Kindergärtnerin hat die Kleinen gut vorbereitet. Sie wissen, wo ihre neuen Spielkameraden herkommen: »Von da, wo die Elefanten sind. Und da ist Krieg«, sagt ein kleines Mädchen. »Wir wollen zusammen spielen.« Die Kindergärtnerin lächelt zufrieden, bis ein Kleiner aus der ersten Reihe murmelt: »Die haben Läuse.« Wie er darauf kommt? »Hat Papi gesagt.«

(Aus: Katharina Priebe, »Die Angst vor allem Fremden«)

Seiten 24/25:
Thomas Sandberg

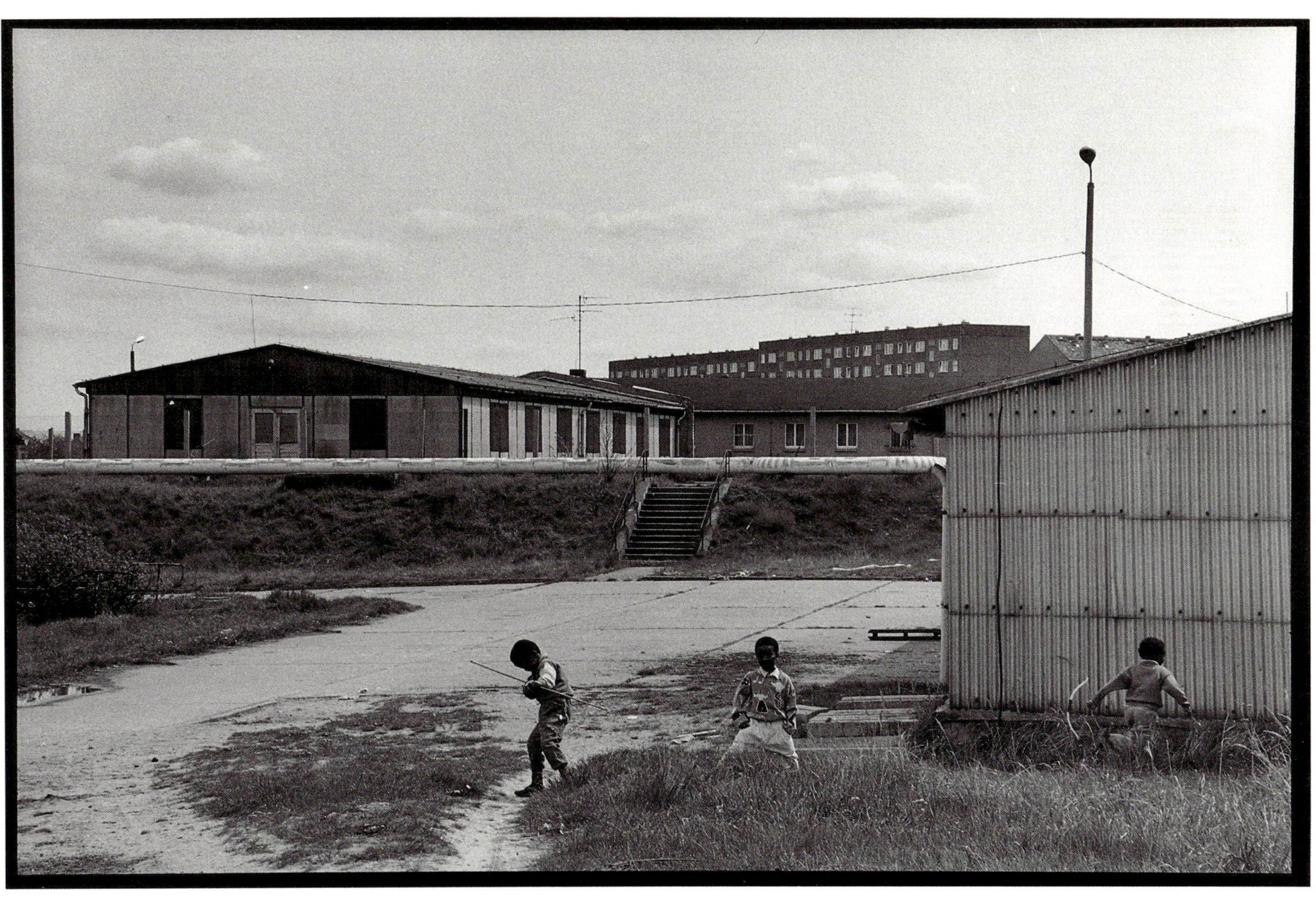

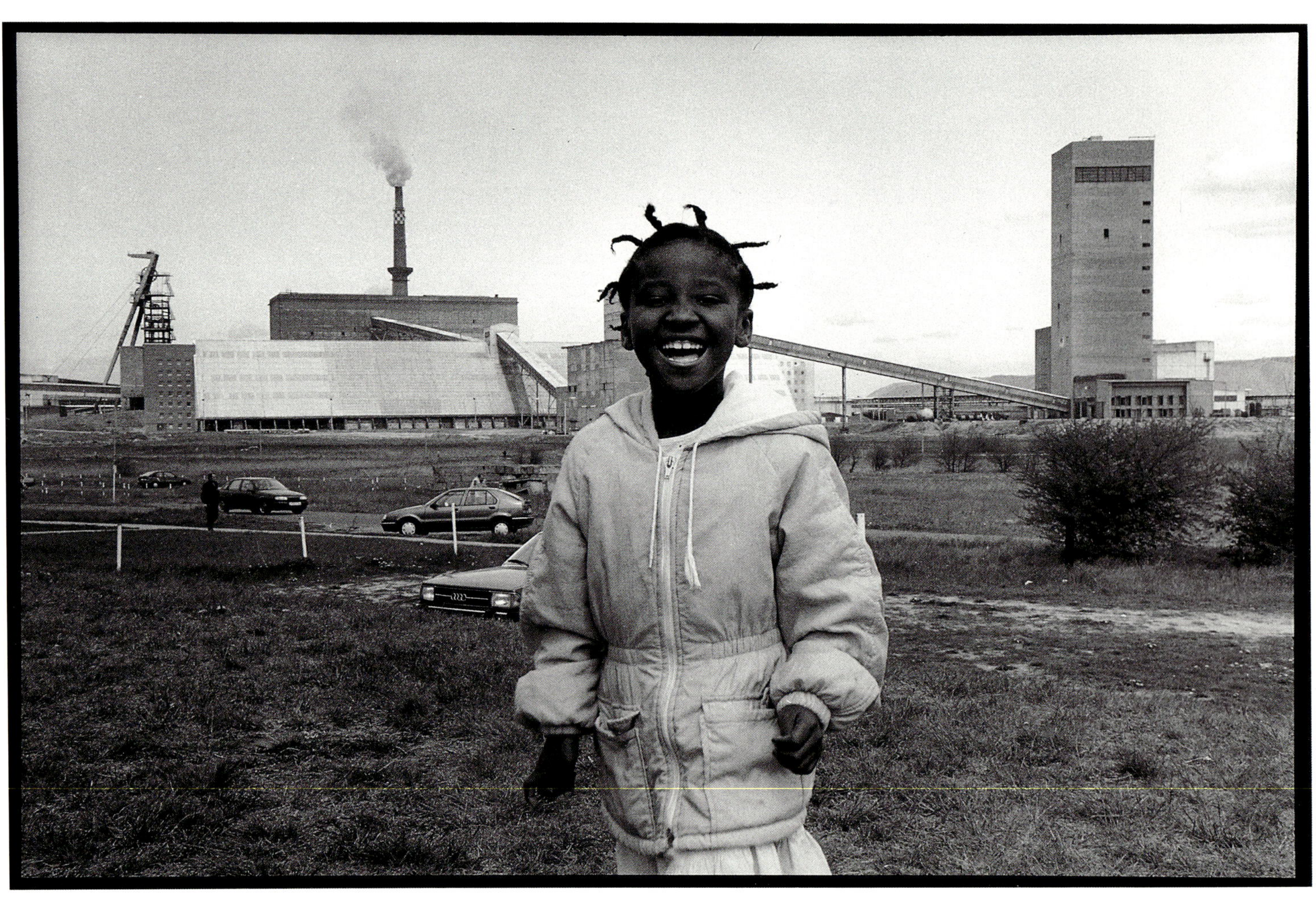

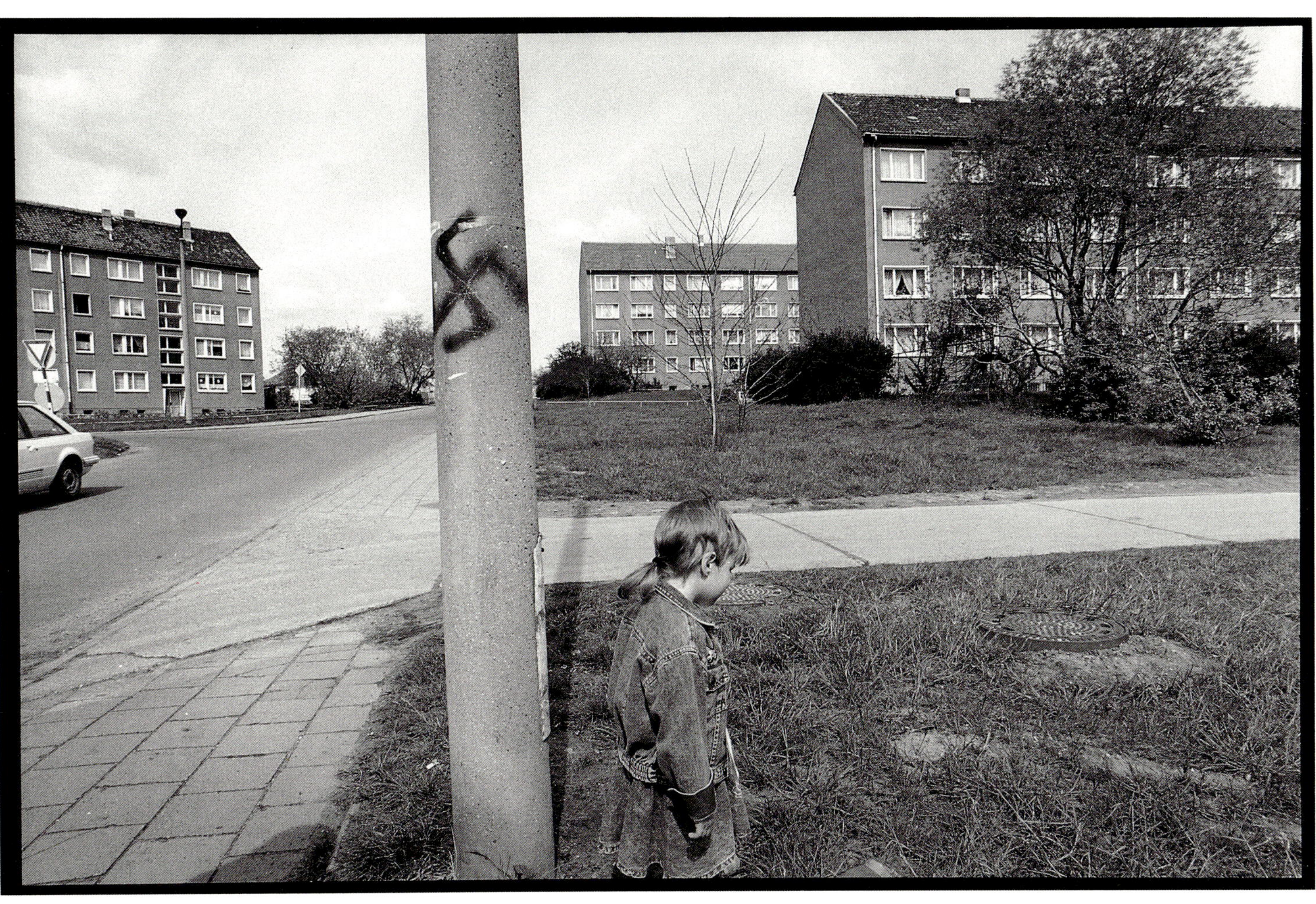

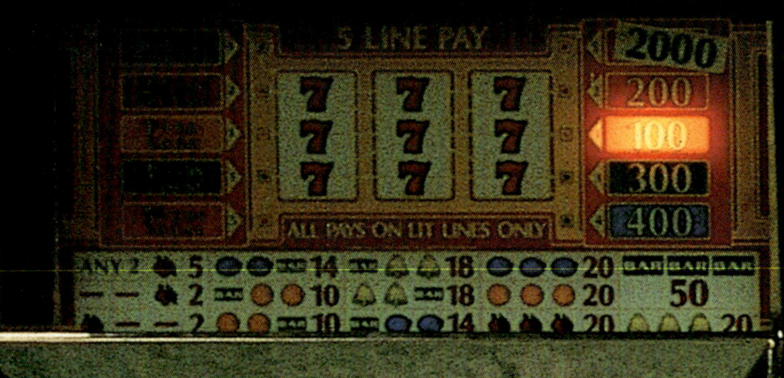
HIER SPIELT
MAN NUR
MIT DM
5 LINE PAY
2000
200
100
300
400
ALL PAYS ON LIT LINES ONLY

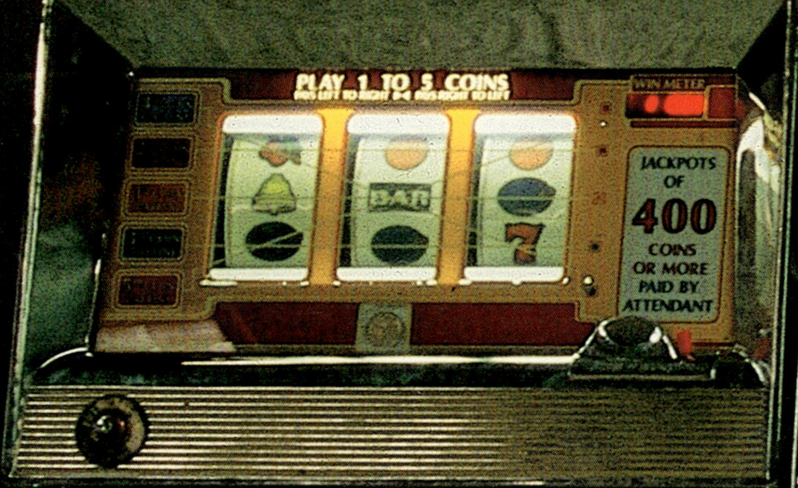
PLAY 1 TO 5 COINS
JACKPOTS OF 400 COINS OR MORE PAID BY ATTENDANT

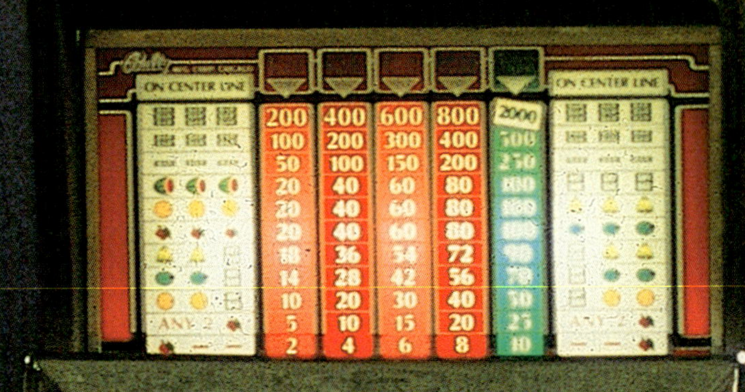
ON CENTER LINE

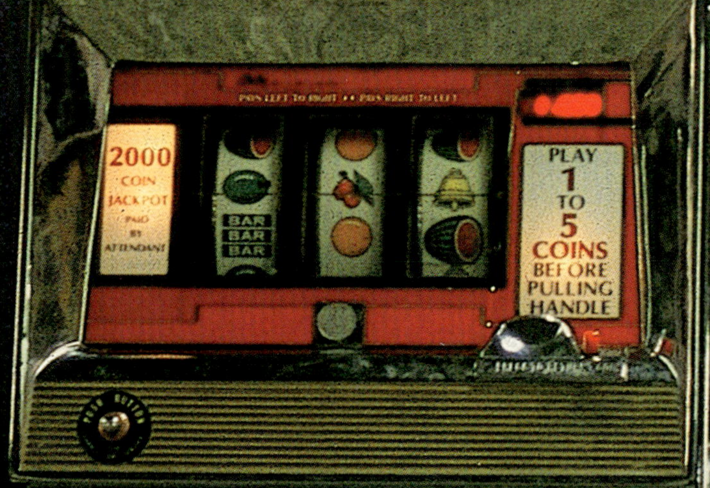
2000 COIN JACKPOT
PLAY 1 TO 5 COINS BEFORE PULLING HANDLE

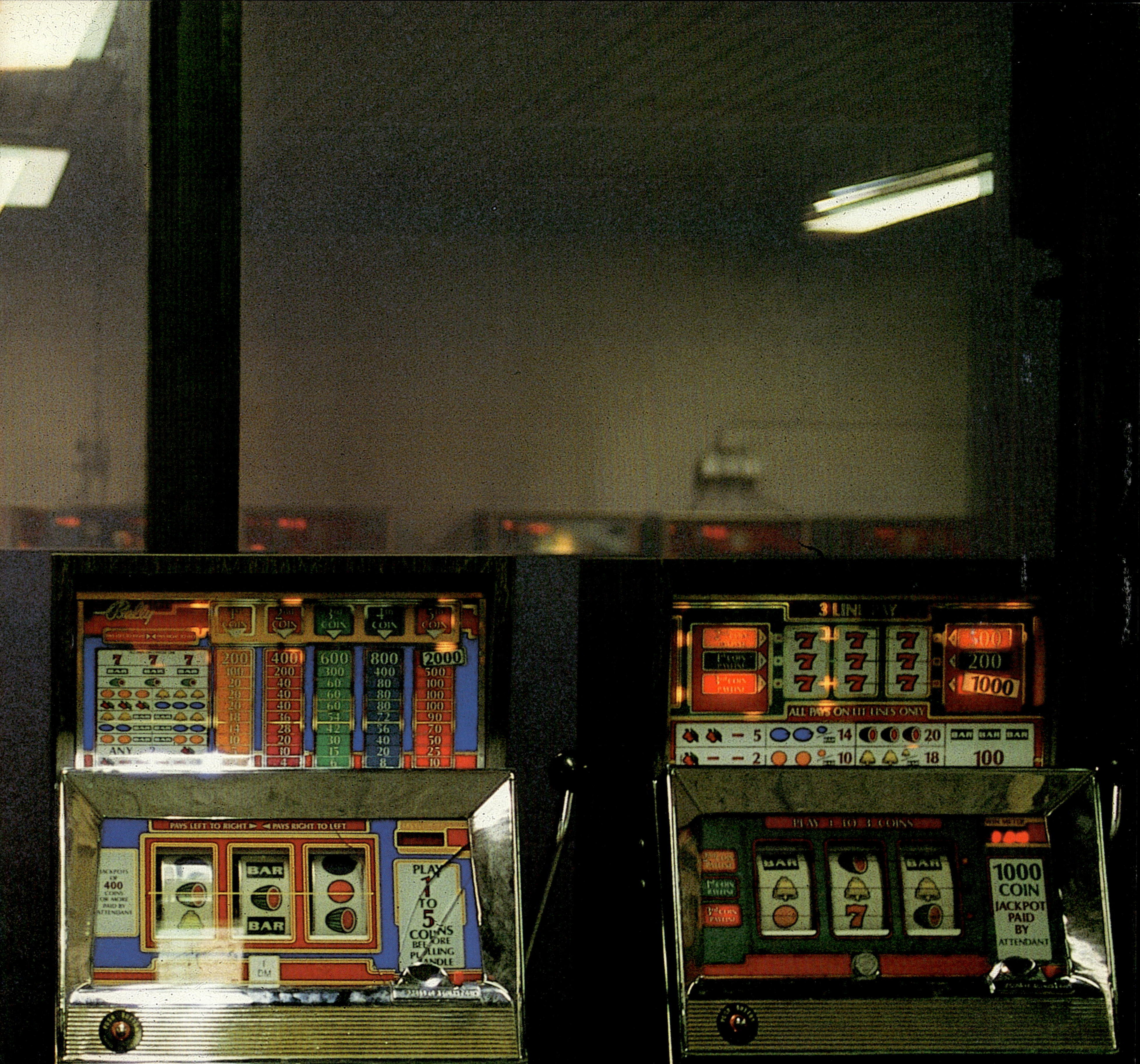

ALL PAYS ON LIT LINES ONLY
PAYS LEFT TO RIGHT
PAYS RIGHT TO LEFT
BAR
PLAY 1 TO 5 COINS
PLAY 1 TO 3 COINS
1000 COIN JACKPOT PAID BY ATTENDANT

Licht aus bei Narva?
Fotografiert von Jens Rötzsch,
März 1991

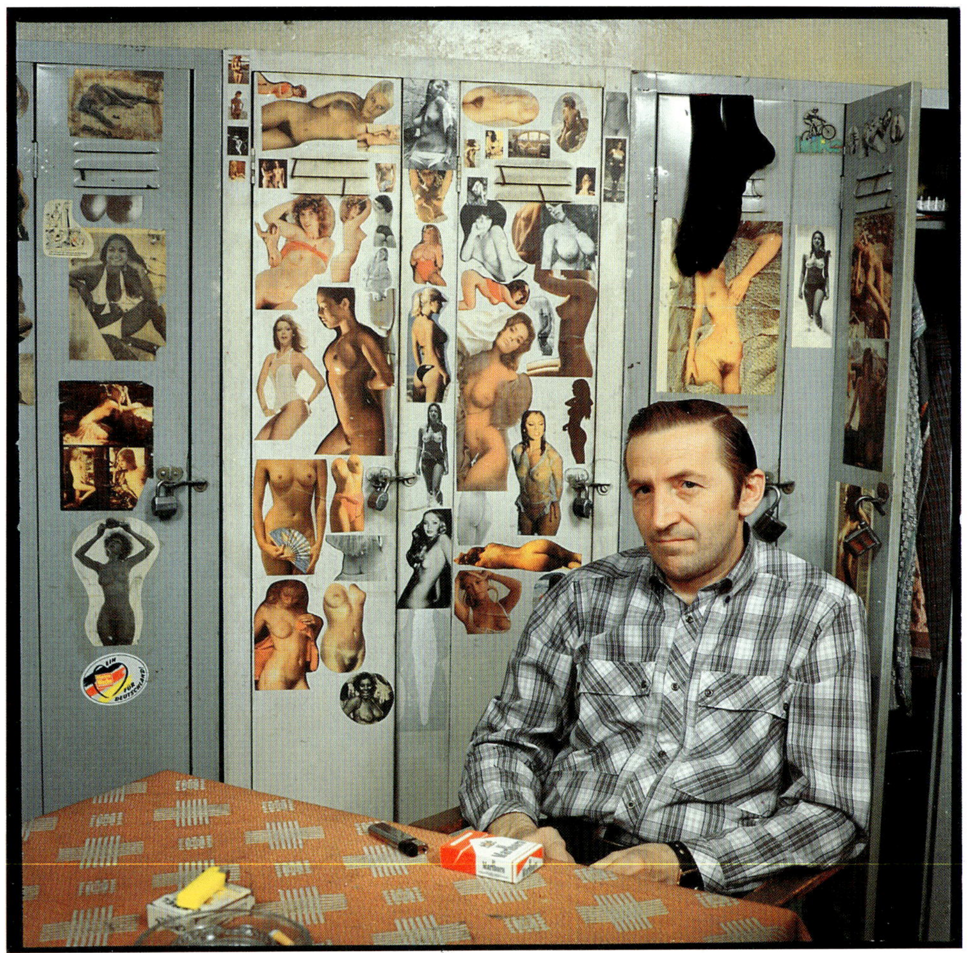

Nur weit hinten klackern im kneipenkühlen Dunkel der »Glühlampe« die bunten Kugeln über den grünen Billardfilz, vorn schluckt unerbittlich ein Spielautomat Groschen um Groschen.
Dazwischen leere Resopaltische. Jetzt sitzen auch abends meist keine Bierrunden mehr drumherum. Das Berliner Pils ist zu teuer geworden. Berlin, Stadtteil Friedrichshain. Gut hundert Meter weiter fließt die Spree, und der Blick aus den grau verputzten Wohnkasernen an der Stralauer Allee reichte früher über die Schutzwall genannte Grenze weit in die andere Welt mit ihren hellen Lichtern.
Jetzt ist sie selber über den Fluß gekommen, und nun ist alles anders. Friedrichshain, die Narva-Stadt. Über fünftausend Menschen fanden hier früher auf dem mehr als neun Hektar großen Gebiet zwischen Warschauer Platz und der Lehmbruckstraße ihr Auskommen, stellten Glühbirnen her, von der kugeligen »Allgebrauchslampe« zu sechzig oder hundert Watt bis zu den taghellen Natriumhochdrucklampen der Straßenbeleuchtung. Dreitausend Narva-Mitarbeiter sind seit Dezember 1990 bereits entlassen worden, und vom Rest wird wohl kaum mehr als die Hälfte bleiben können – wenn überhaupt...

(Aus: Helmut Höge, »Licht aus bei Narva?«)

Seiten 30/31:
Jens Rötzsch

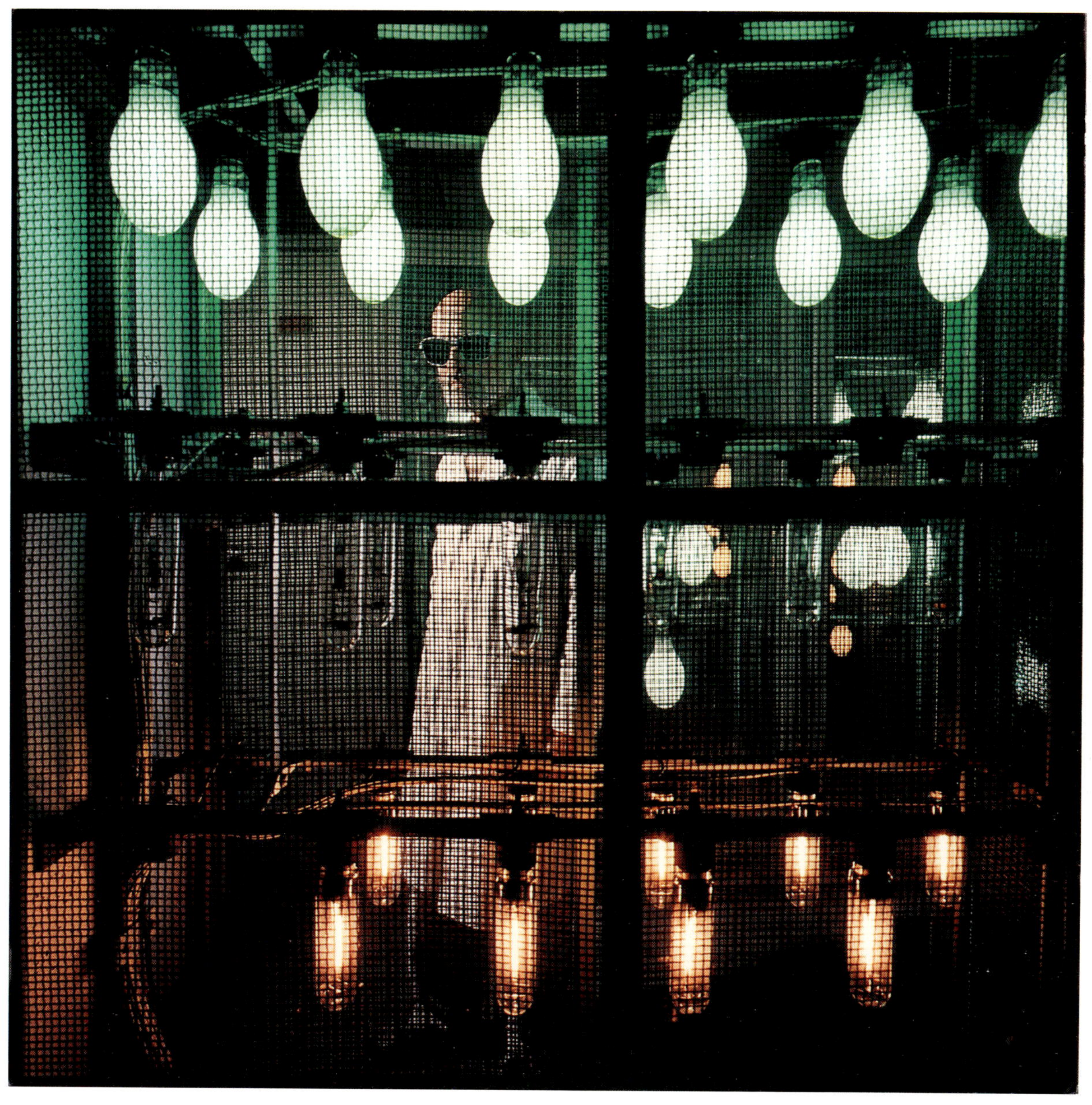

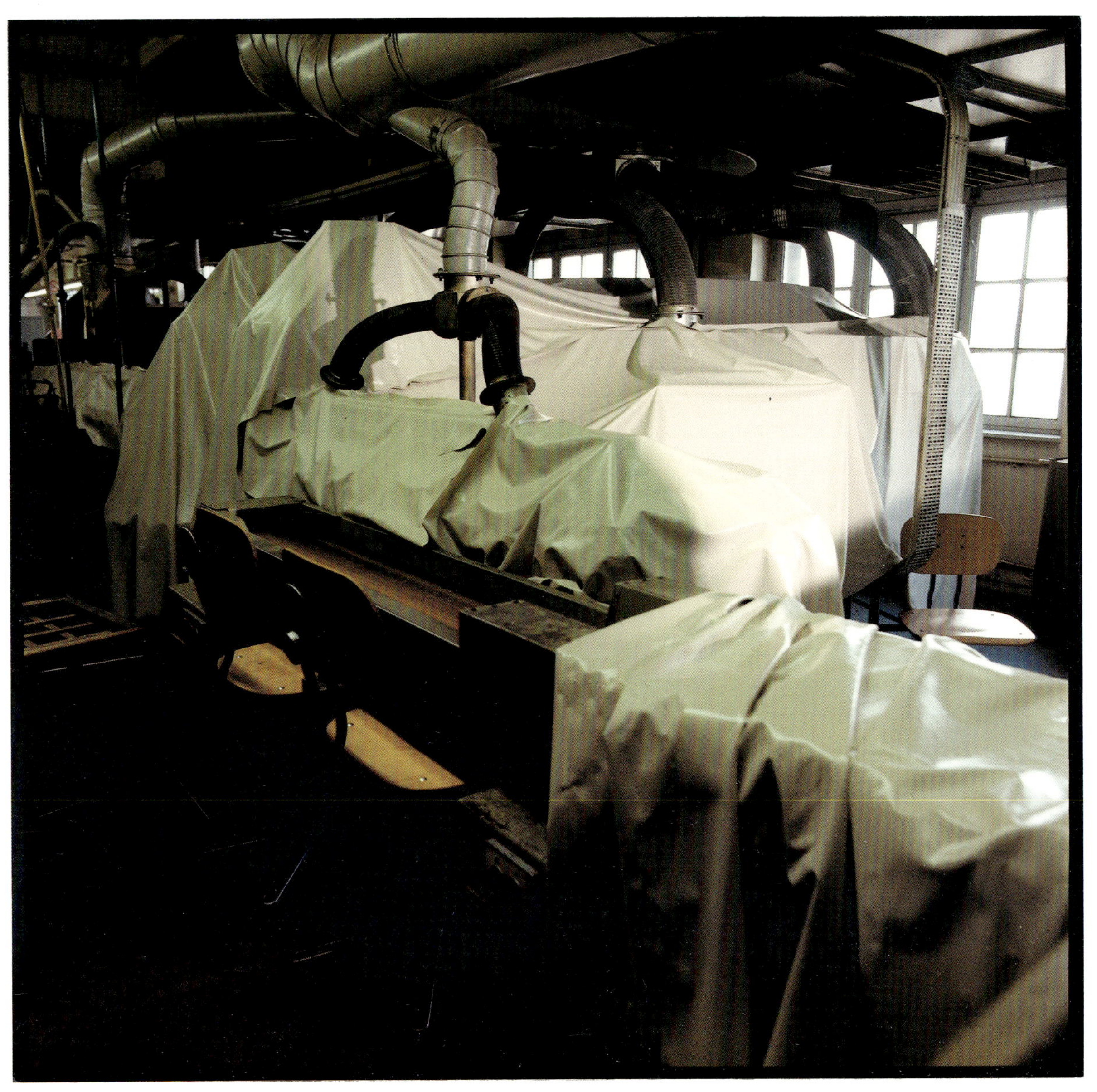

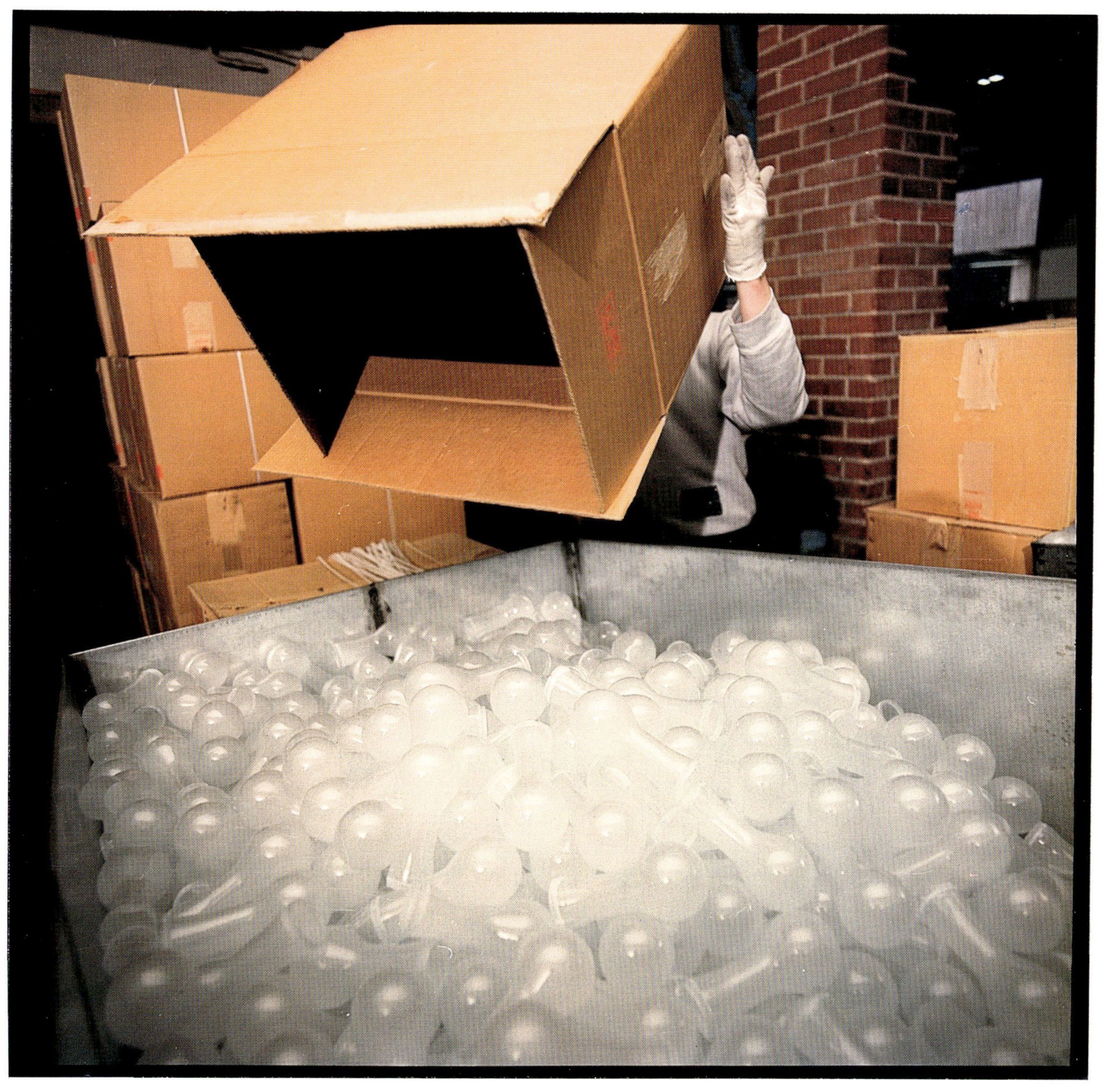

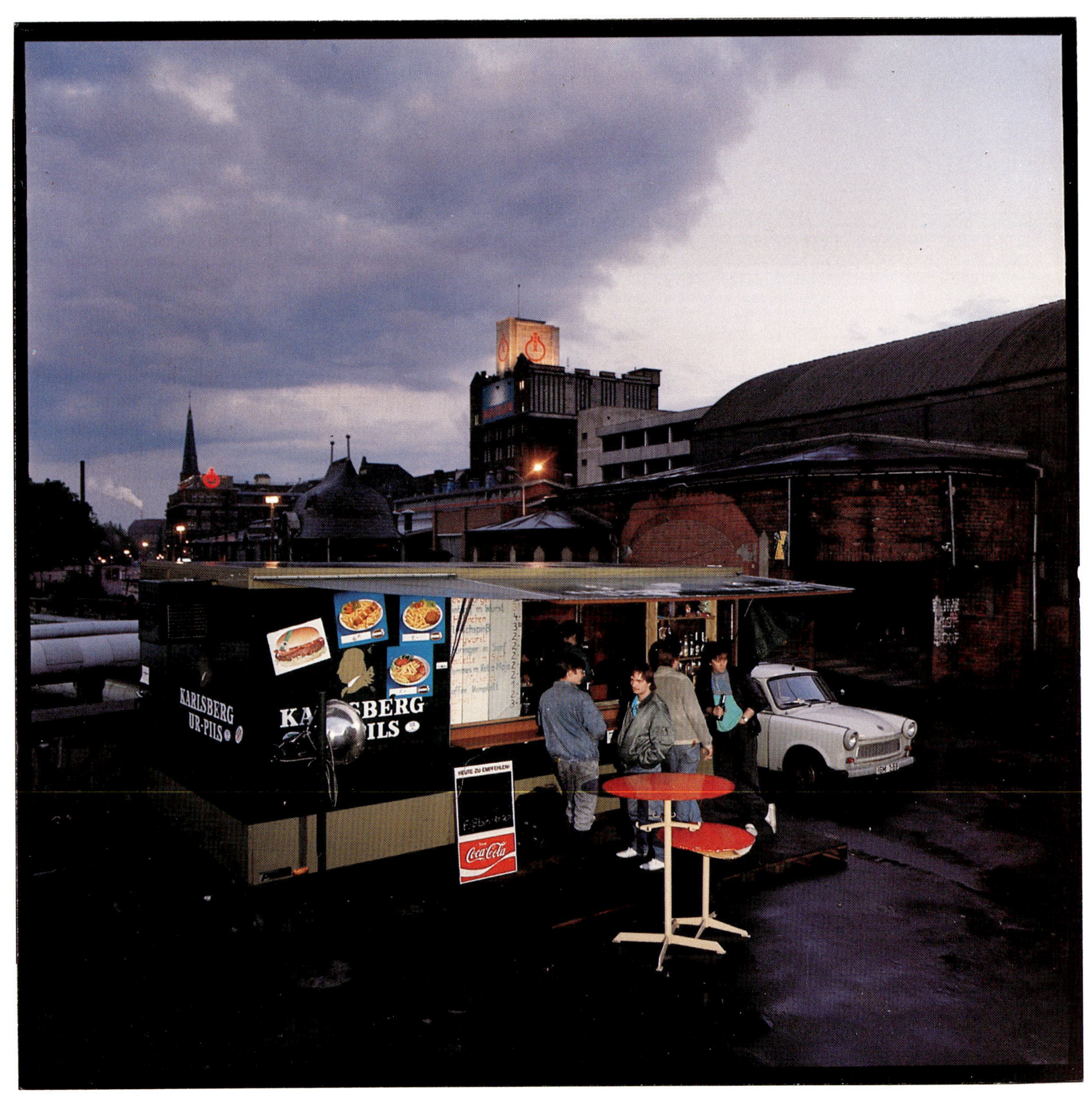
KARLSBERG
UR-PILS
Coca-Cola

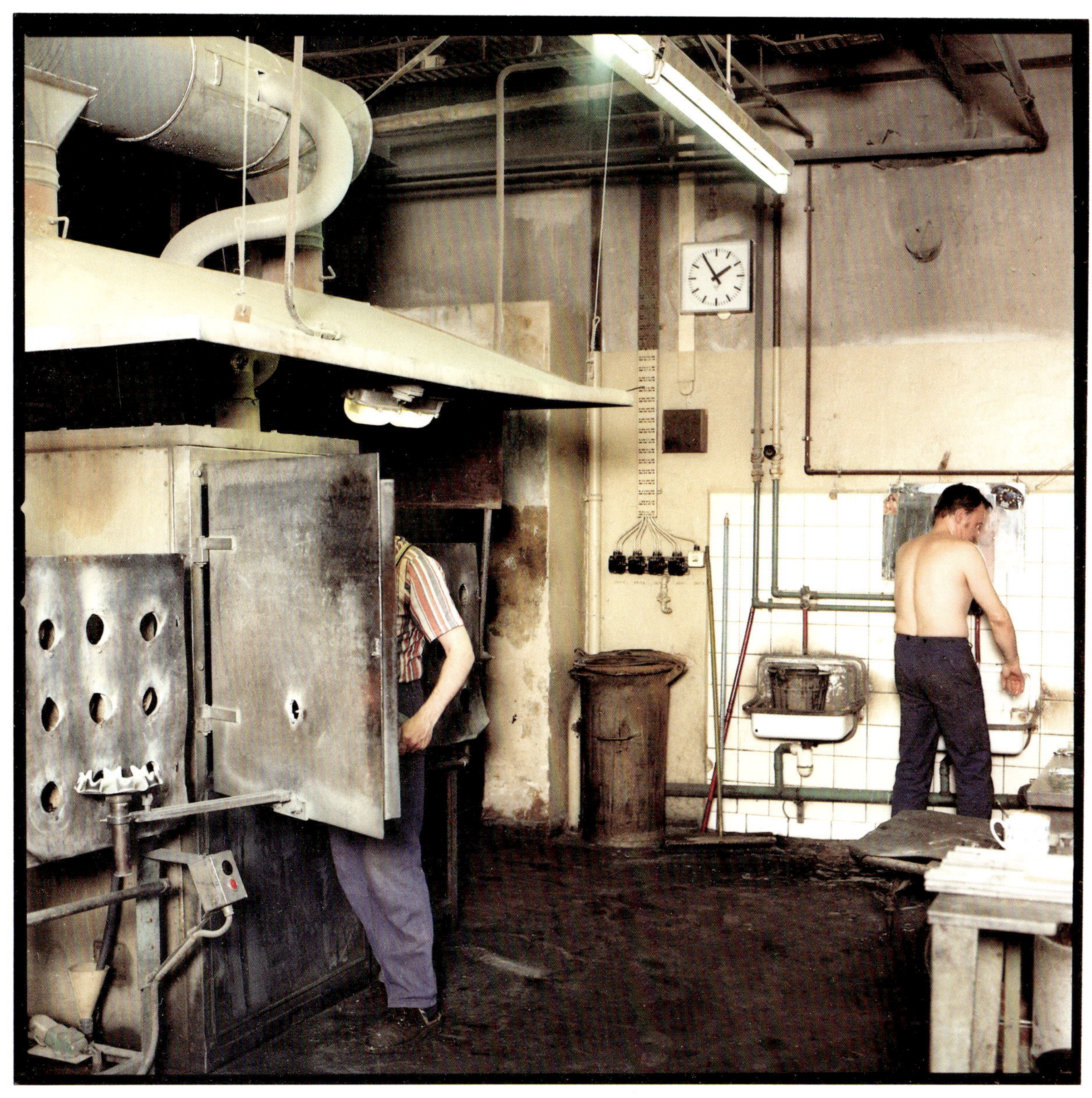

Ibrahim Böhme. Porträt

Fotografiert von Ute Mahler

1944 wird Manfred Böhme geboren. Über den Geburtsort, seine Eltern, deren Herkunft und Verbleib gibt es verschiedene, von Böhme selbst verbreitete Varianten.
Die wahrscheinlichste davon ist: Sein Vater stirbt früh, seine Mutter heiratet den Funktionär Böhme, der Manfred adoptiert. Als auch sie stirbt, kommt Manfred zunächst zu Pflege-Eltern, später in die Familie Böhme zurück. Sein Stiefvater heiratet wieder, Manfred kommt erneut ins Heim. Er wächst in Bad Dürrenberg bei Leipzig und Knittelholz bei Zeitz in Kinderheimen auf.
In der 6. Klasse gründet er eine Partei gegen die Lehrer. Er nennt sie »Gerechtigkeitspartei«. Wer petzt, kann was erleben. Als ihn ein Schüler anschwärzt, flieht er aus dem Heim nach Leipzig, wo er bei einer Kinderbande lebt und stiehlt, bis man ihn erwischt, in ein Durchgangslager bringt und ihn zwei Wochen bearbeitet, bis er sagt, wer er ist. Er muß zunächst zu den Stiefeltern zurück, hat Sehnsucht nach dem Heim und darf schließlich wieder zurück, auch in seine alte Klasse.
1961 schließt Böhme die Schule mit der mittleren Reife ab. Er ist 16 Jahre alt, Maurerlehrling, lebt in Leuna im Internat und macht nebenbei sein Abendabitur. Es ist das Jahr, in dem die Mauer gebaut wird. Er ist ehrgeizig und darf schon bald selbst unterrichten: Russisch und Geschichte.
1964 liest Böhme zum ersten Mal Texte von Robert Havemann über die Kluft zwischen Volk und Partei. Als dieser 1965 aus der SED ausgeschlossen wird, protestiert Böhme in Leuna, diskutiert mit seinen Schülern darüber. Er wird verhaftet und sitzt vier Wochen in Untersuchungshaft. Nach seiner Entlassung geht er nach Greiz in Thüringen, fängt als Hilfsbibliothekar an und wird Mitglied des Kulturbundes der DDR. Seine Parteistrafe wird schon nach zwei Jahren gelöscht.
Als in der Erweiterten Oberschule in Greiz der Geschichtslehrer krank wird, darf Böhme einspringen.
1968, nach dem Einmarsch der Armeen des Warschauer Paktes in Prag, wird Böhme wegen seines Protestes verhaftet und verhört.
Am 27. November 1968 legt die Staatssicherheit unter den Decknamen »August Drempker« und »Paul Bonkarz« eine Karteikarte für den neugewonnenen inoffiziellen Mitarbeiter an. Am 22. Dezember 1968 schreibt Böhme ein Gedicht:

Wenn meine Sicherheit / sich neigt / in den Schatten / der Nacht, / bin ich nicht einsam. / Erst dann lebe ich / mit den anderen / deren offenen Blick ich / am Tage suchte. / Erst dann.

Böhme fängt bei der Post an, zunächst als Briefverteiler, wird aber nach kurzer Zeit Kaderleiter (Personalchef) und ist nach wie vor Mitglied der SED. Im Kulturbund ist er mittlerweile Kreissekretär und hat Umgang mit den Intellektuellen und Künstlern des Bezirkes. Er ist allgemein beliebt. 1976 liefert er eine 105seitige Analyse über den in Greiz lebenden Lyriker Reiner Kunze an die Stasi.

24. Februar 1990,
Leipzig, Hotel Merkur

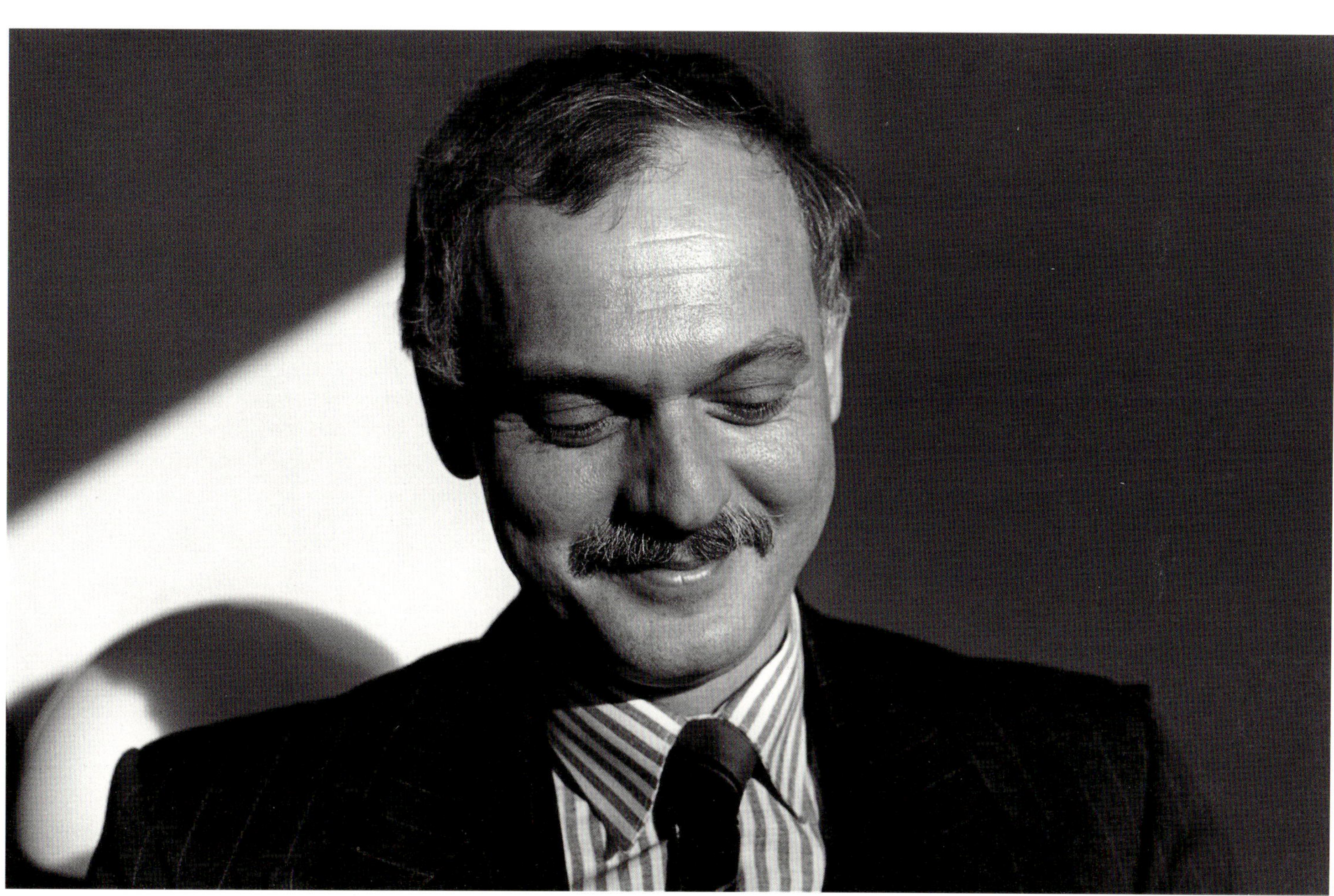

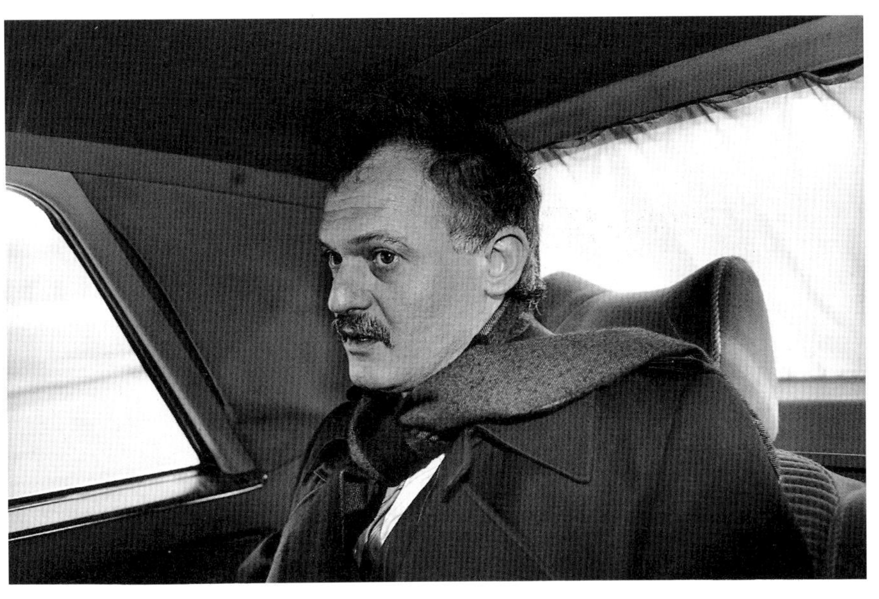

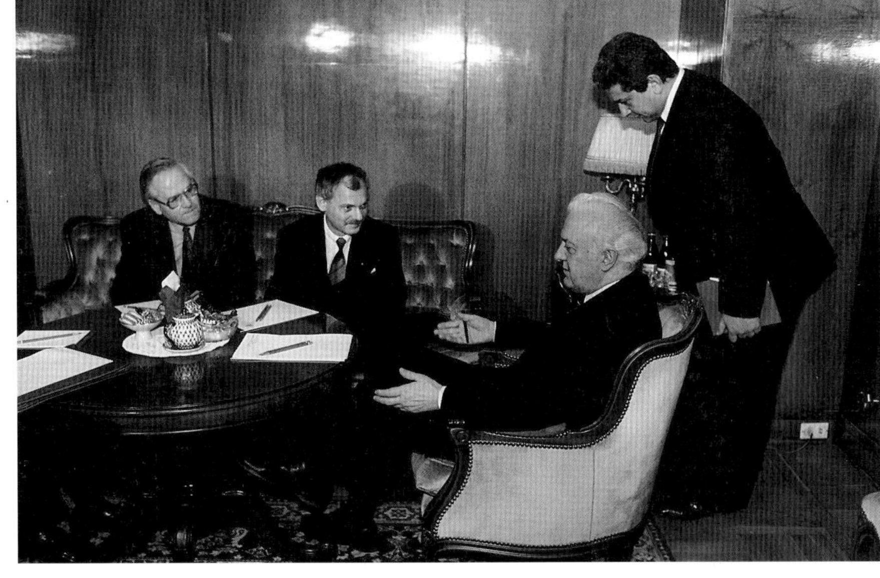

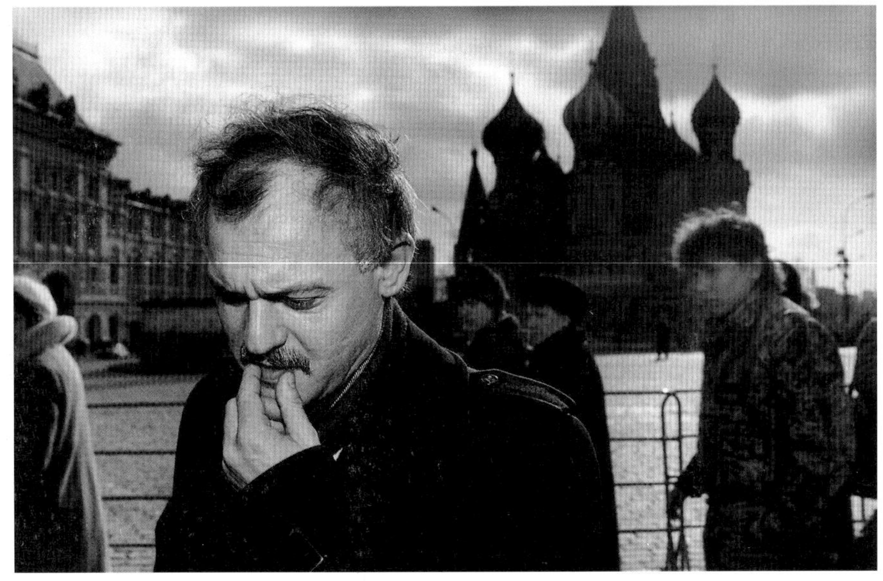

1. Februar 1990,
Moskau,
Regierungswagen

2. Februar 1990,
Kreml,
Gespräch mit Eduard
Schewardnadse

2. Februar 1990,
Moskau,
Roter Platz

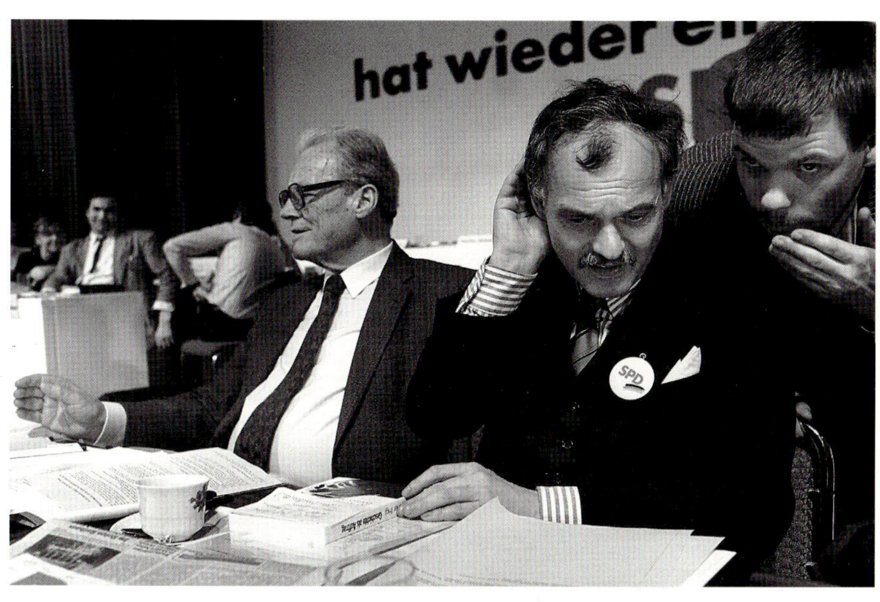

25. Februar 1990,
Leipzig,
Parteitag der
Ost-SPD

17. März 1990,
Berlin-West,
Hotel Seehof

25. März 1990,
Berlin-Ost,
SPD-Zentrale

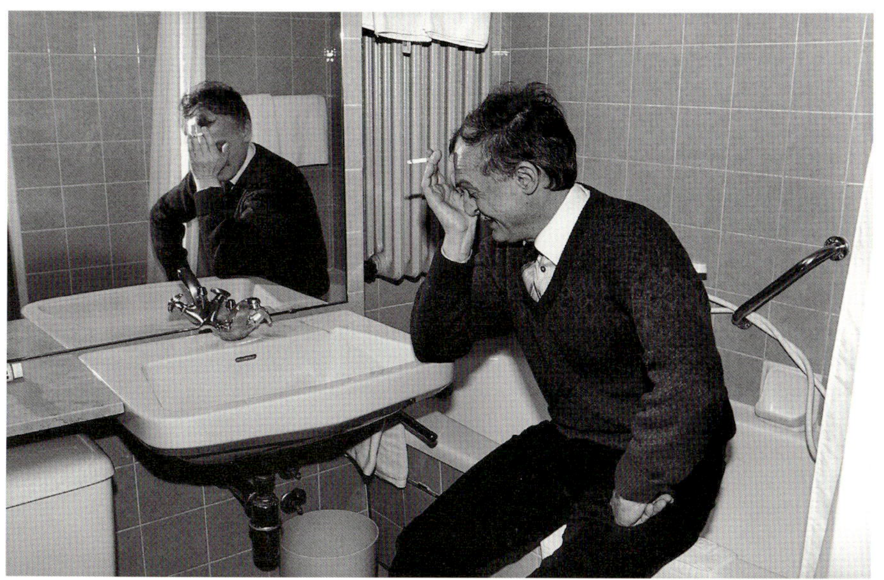

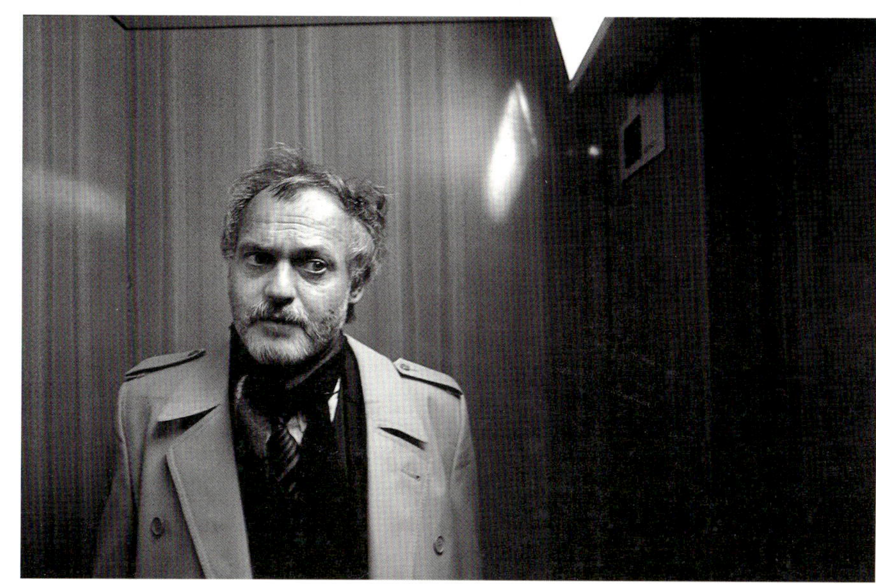

1978 wird Böhme erneut verhaftet, seine Wohnung durchsucht. Die Prüfung seiner Berichte hat ergeben, daß sie in weiten Teilen frei erfunden sind. Im Ministerium für Staatssicherheit in Berlin läuft ein internes Disziplinarverfahren gegen ihn. Während seine Freunde Hilfe für den angeblichen politischen Gefangenen mobilisieren und sich Jürgen Fuchs und Wolf Biermann für seine Freilassung einsetzen, wird entschieden, Böhme die Gelegenheit zur Bewährung zu geben, da seine Qualifikation als »Inoffizieller Mitarbeiter mit Feindberührung« unbestreitbar ist. Er wird schließlich »freigelassen« und nach Neustrelitz versetzt, wo er sofort als Leiter der Abteilung Öffentlichkeitsarbeit am Theater anfängt. Bereits 1981, als ein Stück aus politischen Gründen nach der Premiere abgesetzt wird, fliegt Böhme wieder raus. Er bleibt in Neustrelitz und arbeitet als Kellner, als Zerstückler im Sägewerk und als Russischdozent.
1984 wird Böhme auf Markus Meckel angesetzt, der zu dieser Zeit Pfarrer in Vipperow in der Nähe von Neustrelitz ist. Hier lernt er unter anderem Angelika Barbe, Martin Gutzeit, Ulrike und Gert Poppe, Stefan Krawczyk und Lutz Rathenow kennen, über den er 1985 unter dem Decknamen Ibrahim einen Bericht nach Berlin schickt.
Nach der Bewährungsprobe wird Böhme 1986 in die Hauptstadt beordert. Er erhält den neuen Decknamen Maximilian, da er den vorhergehenden mittlerweile als seinen offiziellen Vornamen ausgibt. Er jobbt als Essenausteiler in der Evangelischen Kirche, hilft im Hospiz und im Kindergarten, hält Vorträge und gibt Unterricht.
1987 wird Böhme festes Mitglied der »Initiative für Frieden und Menschenrechte« mit dem Auftrag, den Kreis von innen aufzulösen.
Im Oktober 1989 warnt er in einem Bericht an seinen Führungsoffizier: »Kommt es nach dem 4.10.1989 zu einer Medienerklärung der gemeinsamen Wahlplattform der Oppositionellen, so sind die Folgen bei dem in der DDR bestehenden allgemeinen Frust nicht mehr abzusehen.«
Am 1. Oktober 1989 wird durch Unterschrift konspirativ die Gründung der Ost-SPD vollzogen. Böhme gehört zu den Gründungsmitgliedern. Die SPD nominiert ihn zum Kandidaten für das Amt des ersten demokratisch gewählten Präsidenten der DDR. Er wird zur Integrationsfigur der Partei, Umfragen sagen einen klaren Sieg voraus.
18. März 1990: Die SPD verliert die Wahl. Böhme ist politisch geschlagen.
26. März 1990: Im »Spiegel« steht: Böhme war ein Spitzel der Staatssicherheit.
Böhme beteuert seine Unschuld. Niemand seiner Freunde glaubt an den Vorwurf.
30. März 1990: Böhme nimmt im Beisein seiner Rechtsanwälte Einsicht in die Täterakten des Ministeriums für Staatssicherheit. Ans Licht kommt, was auch die Opfer später in ihren Akten bestätigt finden: Böhme ist ein Topagent der Staatssicherheit.
Böhme legt handschriftlich seine Ämter nieder und taucht unter.
11. April 1990: Böhme schreibt ein Gedicht, das er »Schuld« nennt.

Bebend / wollte ich erheben / meinen gekrümmten Finger / Spannende Erwartung - auch in mir./ Doch, enttäuschend / die Freunde, / machte ich mich schuldig, / schwieg im entscheidenden Moment / und senkte / die Hände / zum Buch.

(Aus: Birgit Lahann, »Genosse Judas«)

25. März 1990,
Berlin-Ost,
Chodowieckistraße,
Ibrahim Böhme auf
dem Weg in seine
Wohnung

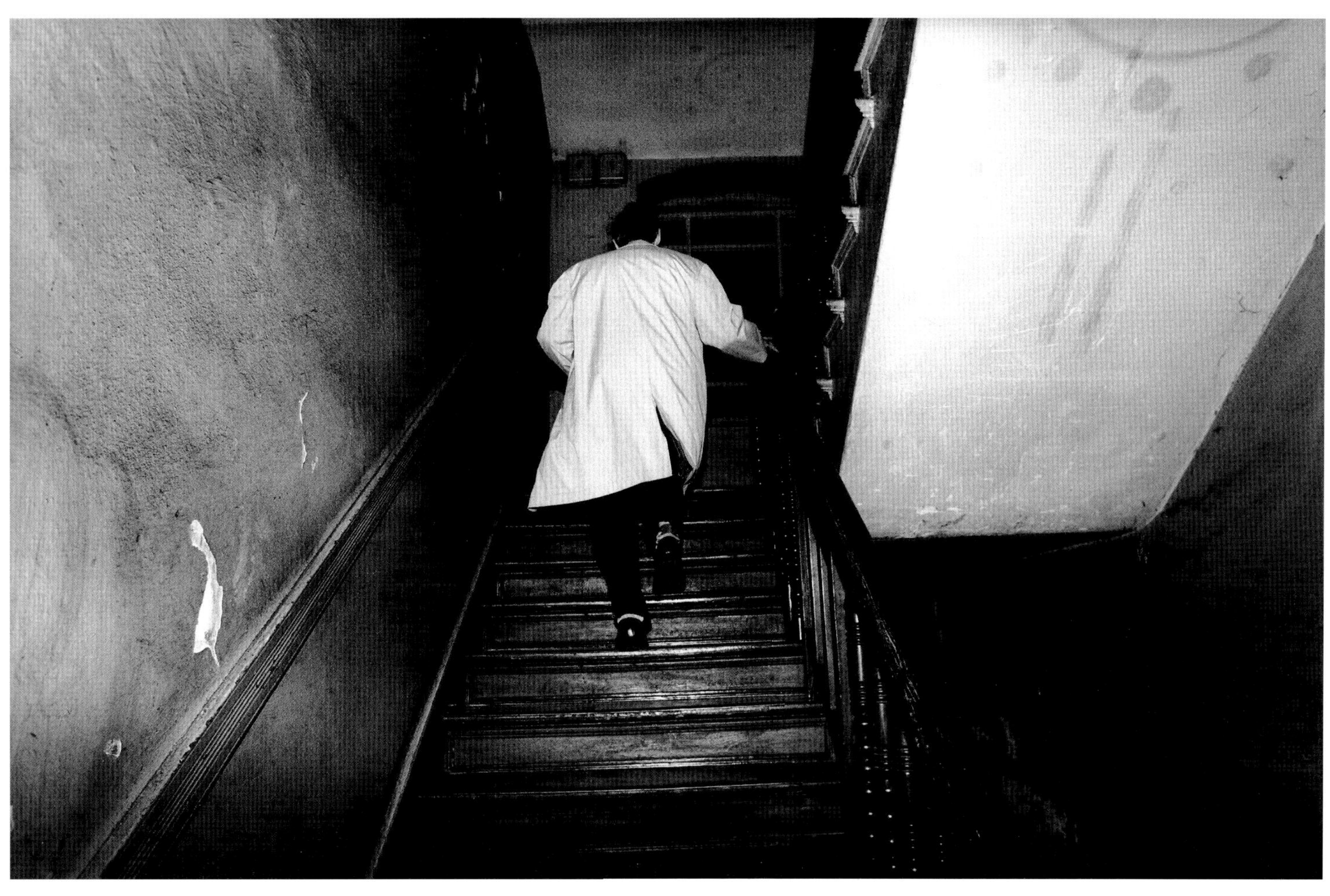

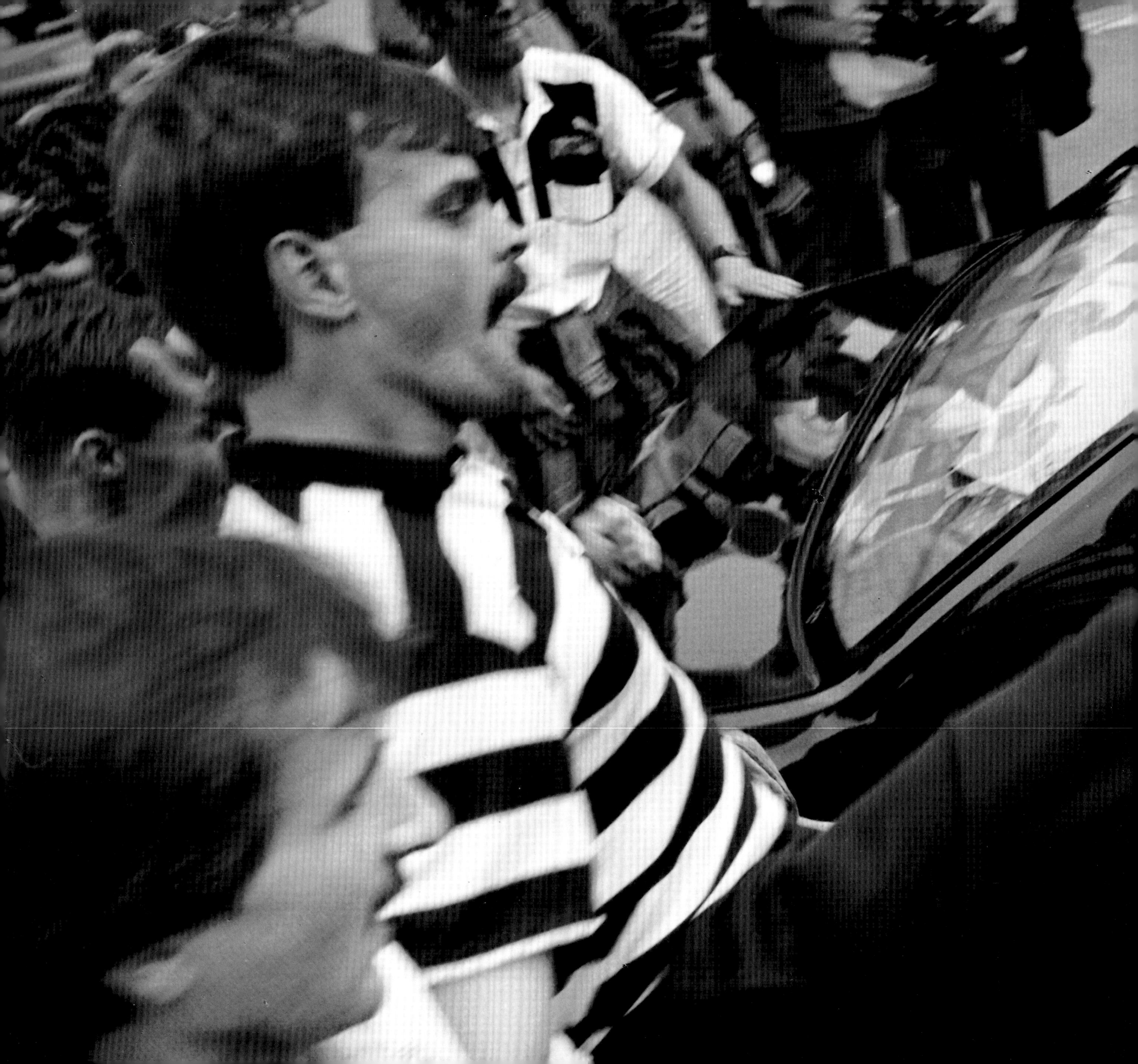

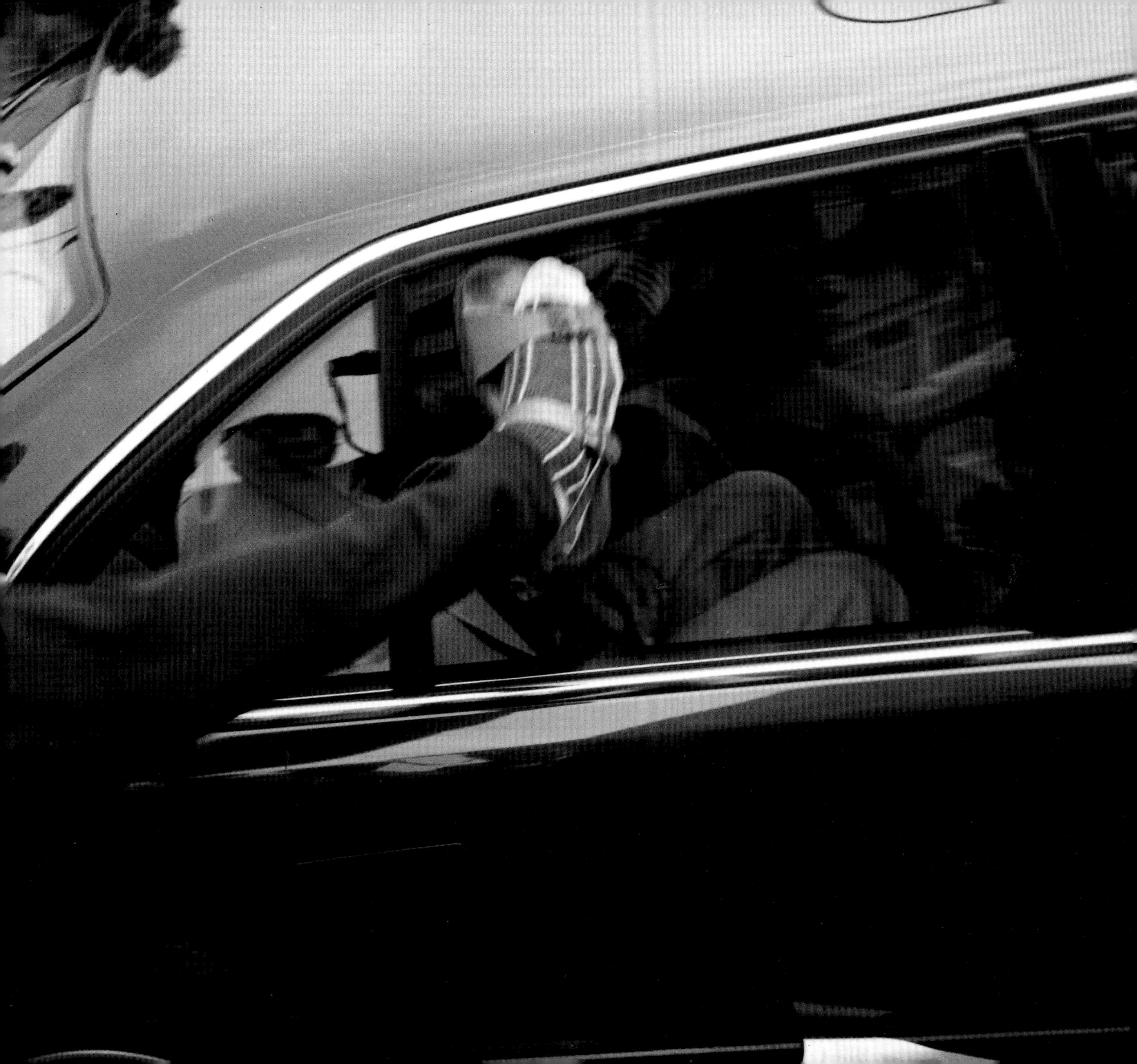

Die erogene Zone

Fotografiert von Ute Mahler, Februar 1991

Claudia Rieger, Eisenhüttenstadt

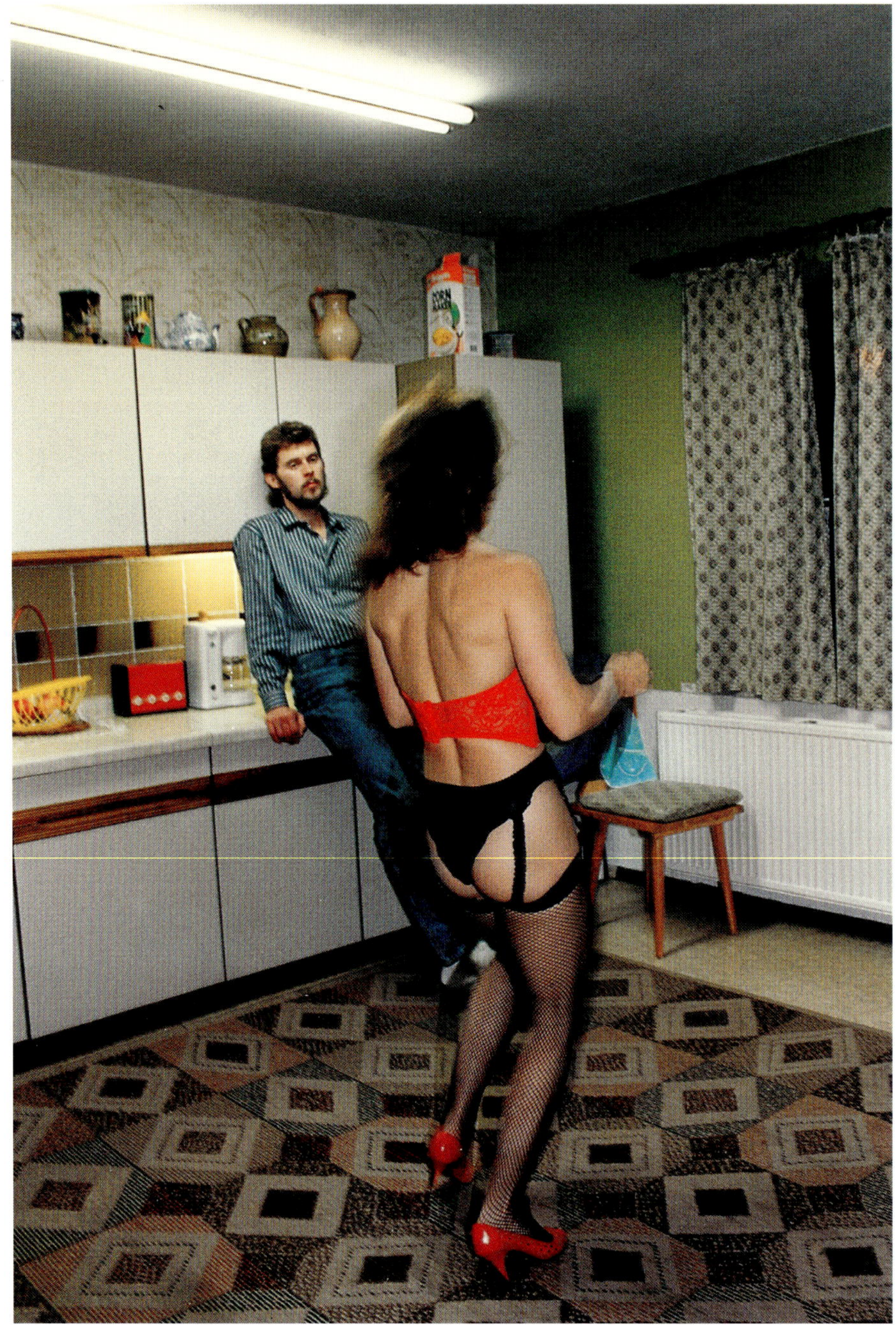

Nach dem Motto »Vierzig Jahre belogen und betrogen« bewegen sich die meisten Ostdeutschen im Paradies der Dildos und Klistiere wie Alice im Wunderland. Was es gibt, wird erst bestaunt, dann ausprobiert – und schließlich gekauft wie die Fünf-Minuten-Terrine und die Würstchen mit dem Reißverschluß. Drei eigene Läden hat Beate Uhse schon in den fünf neuen Bundesländern. Geplant sind neben Lizenzvergaben noch siebzehn weitere Shops. Jetzt gibt es zwei in Berlin, einen in Jena. Bei deren Eröffnung brach jedesmal der Verkehr in der Umgebung zusammen, und die Geschäfte mußten zwischendurch wegen Überfüllung schließen. Das Versandgeschäft der Flensburger Hilfsmittelvertreiber fluppt wie im Westen der 60er und 70er Jahre. Seit der Maueröffnung sind nicht nur die Erotika in den Osten marschiert. In der »erogenen Zone« hat sich auch das Hin und Her zwischen langjährigen Partnern verändert. Claudia Rieger, 29, aus Eisenhüttenstadt, die früher für ihren Mann in der Küche gestrippt hat, wenn er von der Arbeit als Elektriker in der Schweinemastanlage zurückkam, entblättert sich jetzt aus selbstklebenden Netzstrümpfen und Dessous des ehemaligen VEB Clara Zetkin in Burgstädt.

(Aus: Ulrike Posche, »Die erogene Zone«)

Seite 44/45: Harf Zimmermann

Jürgen Steudner, Straßenreiniger, stellt sich als Stripper vor, Berlin, neu eröffneter Pornoladen

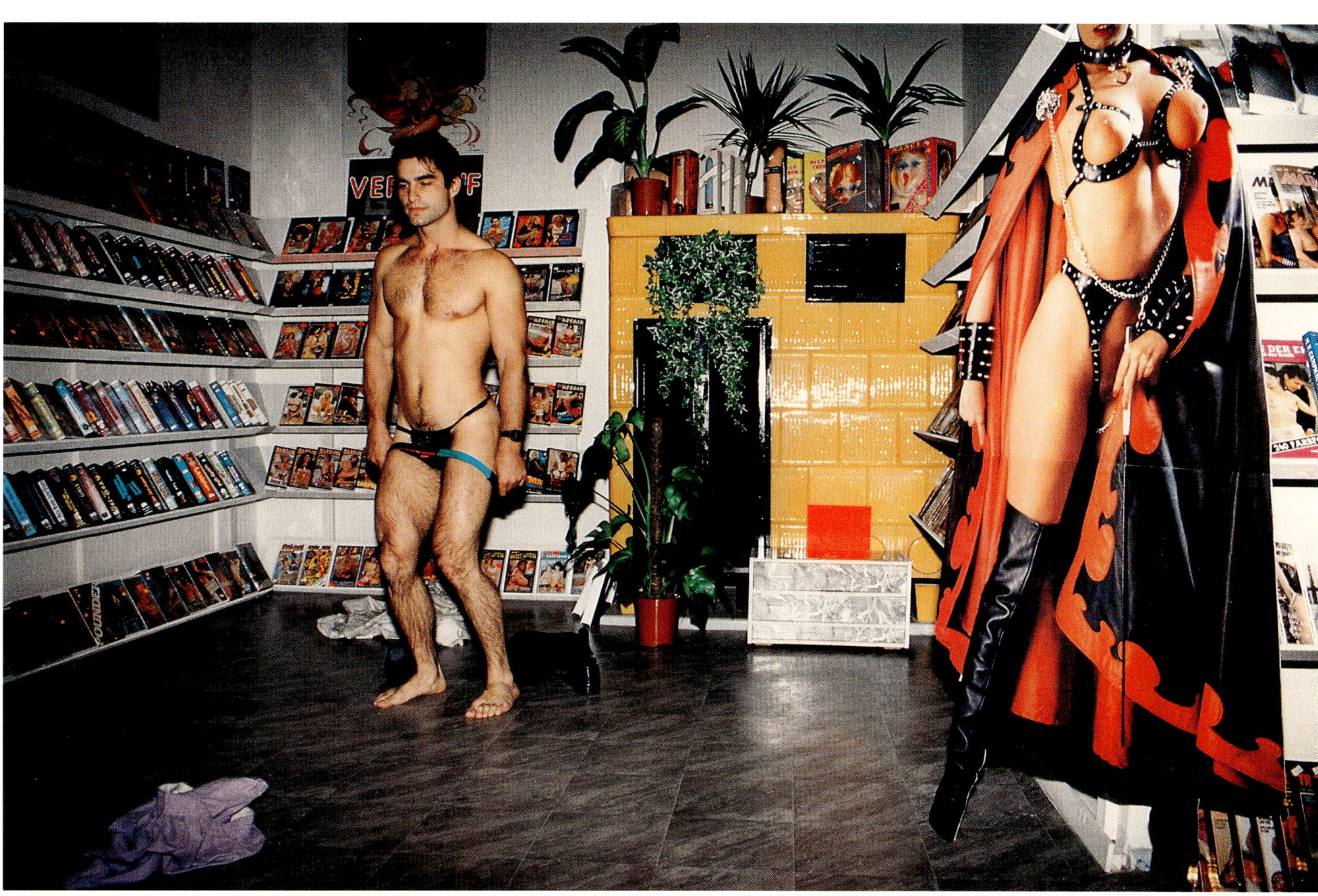

Dieter Mender,
Geburtstagsfeier in
Oranienburg

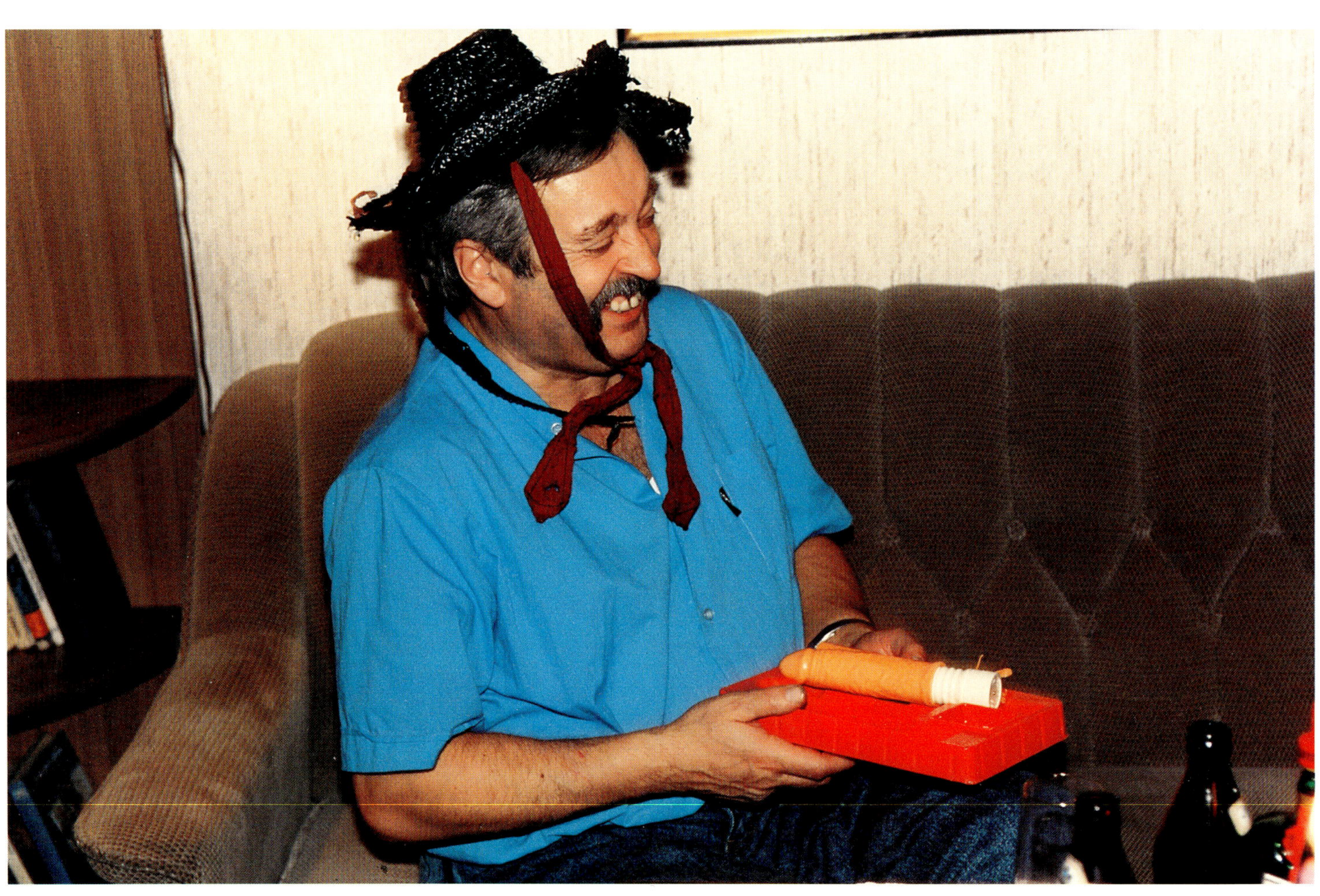

Erste
»Miß-Busen-Wahl«,
Oranienburg

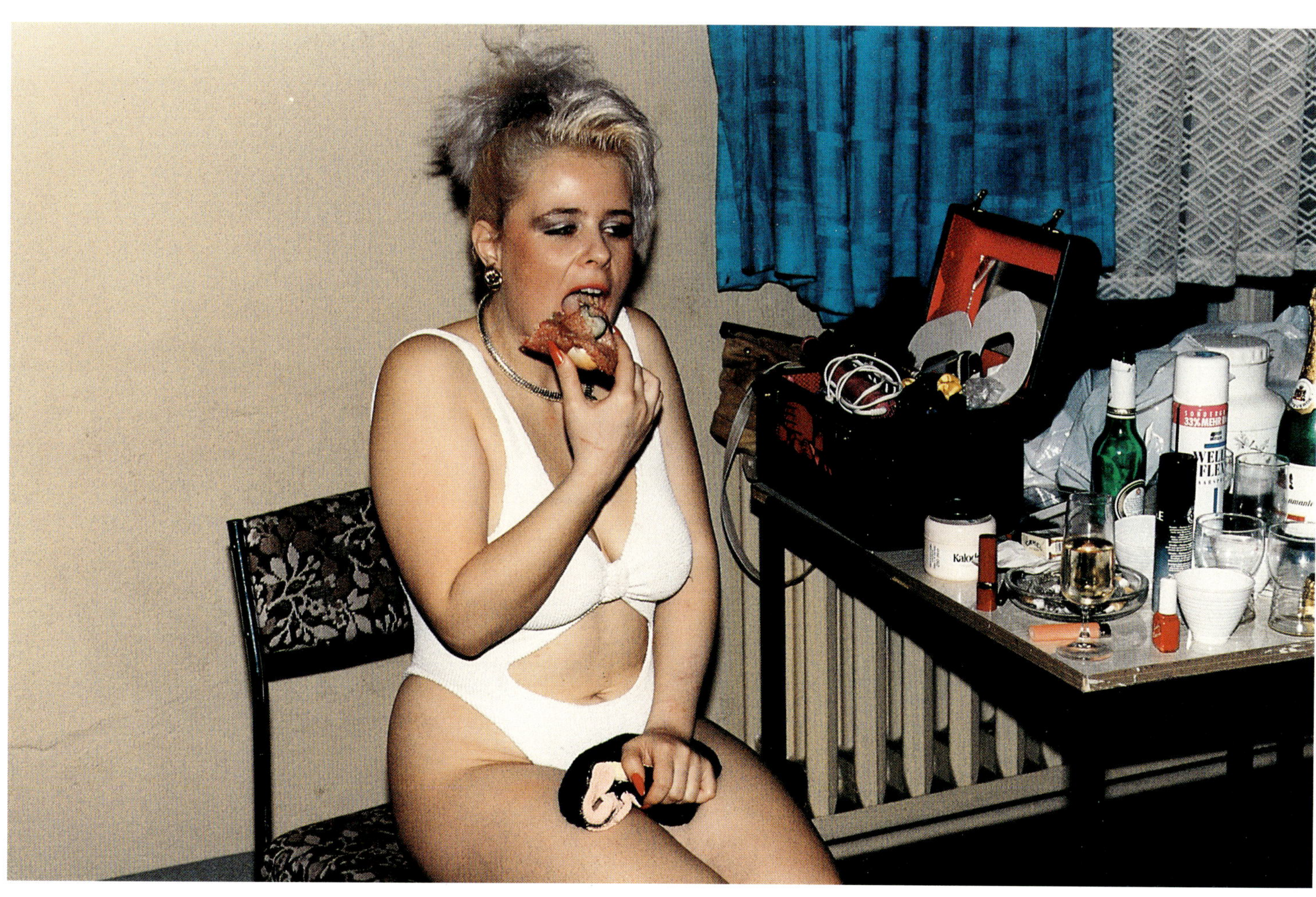

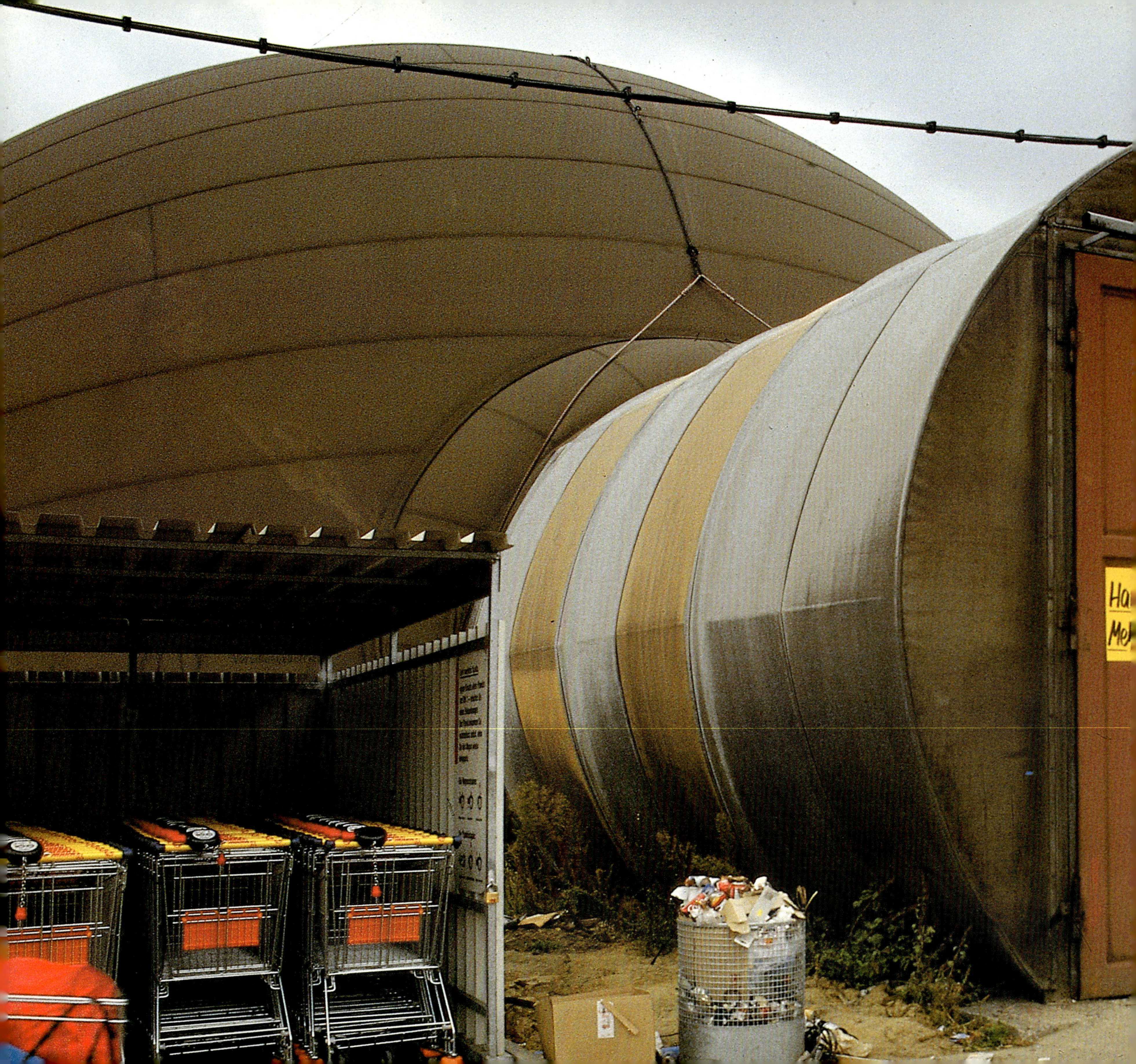

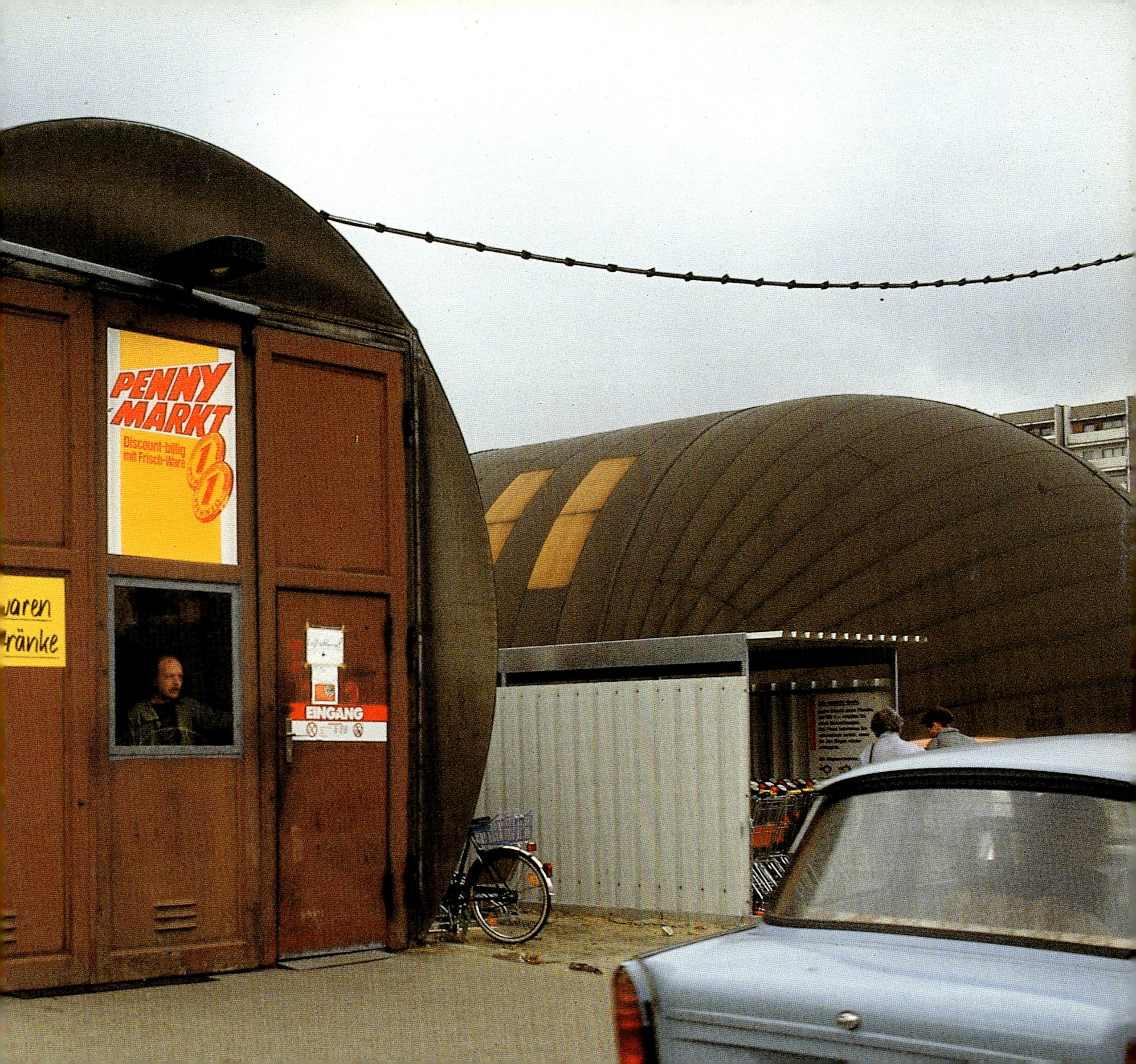
PENNY MARKT
Discount-billig mit Frisch-Ware
waren
ränke
EINGANG

Im Reich der Treuhand

Fotografiert von
Thomas Sandberg,
August 1992

Eisenhüttenkombinat Ost

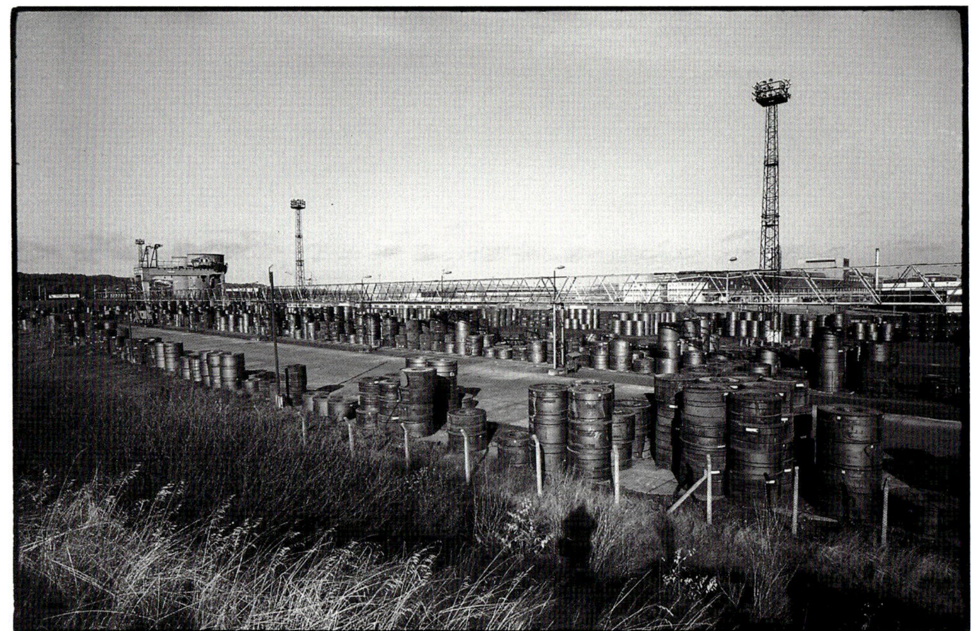

Keiner kümmert sich. Keiner kommt. Briefe werden nicht beantwortet, bei telefonischen Nachfragen sind immer alle gerade in einer Besprechung. So setzt sich in Ossendorf der Eindruck fest: Die Engagierten im Lande läßt die Treuhand am ausgestreckten Arm verhungern und hilft mit, die neuen Bundesländer zu einem riesigen Wartesaal zu machen.

In ihren Akten steht nichts von den Hypotheken, die jetzt aufs Haus aufgenommen wurden, nichts vom Selbstmord des LPG-Vorsitzenden, nichts vom neuen Gebrauchtwagen, der unter der Verkaufslackierung wegrostet, von den Mutmaßungen über Stasi-Mitarbeit des Wohnungsnachbarn, und schon gar nichts von der Angst vor Rückübertragungsansprüchen für die Wohnung, in der man wohnt. Nichts von den Lebensgeschichten, die man von altgedienten Pförtnern und Buchhaltern hören kann. Geschichten von damals, »vor der Wende«, was sich bei manchen so anhört wie »vor dem Krieg«...

(Aus: Susanne Raubold, »Im Reich der Treuhand«)

Seite 50/51:
Sibylle Bergemann

Arbeiter
im Metallbaubetrieb
Mebia, Ossendorf

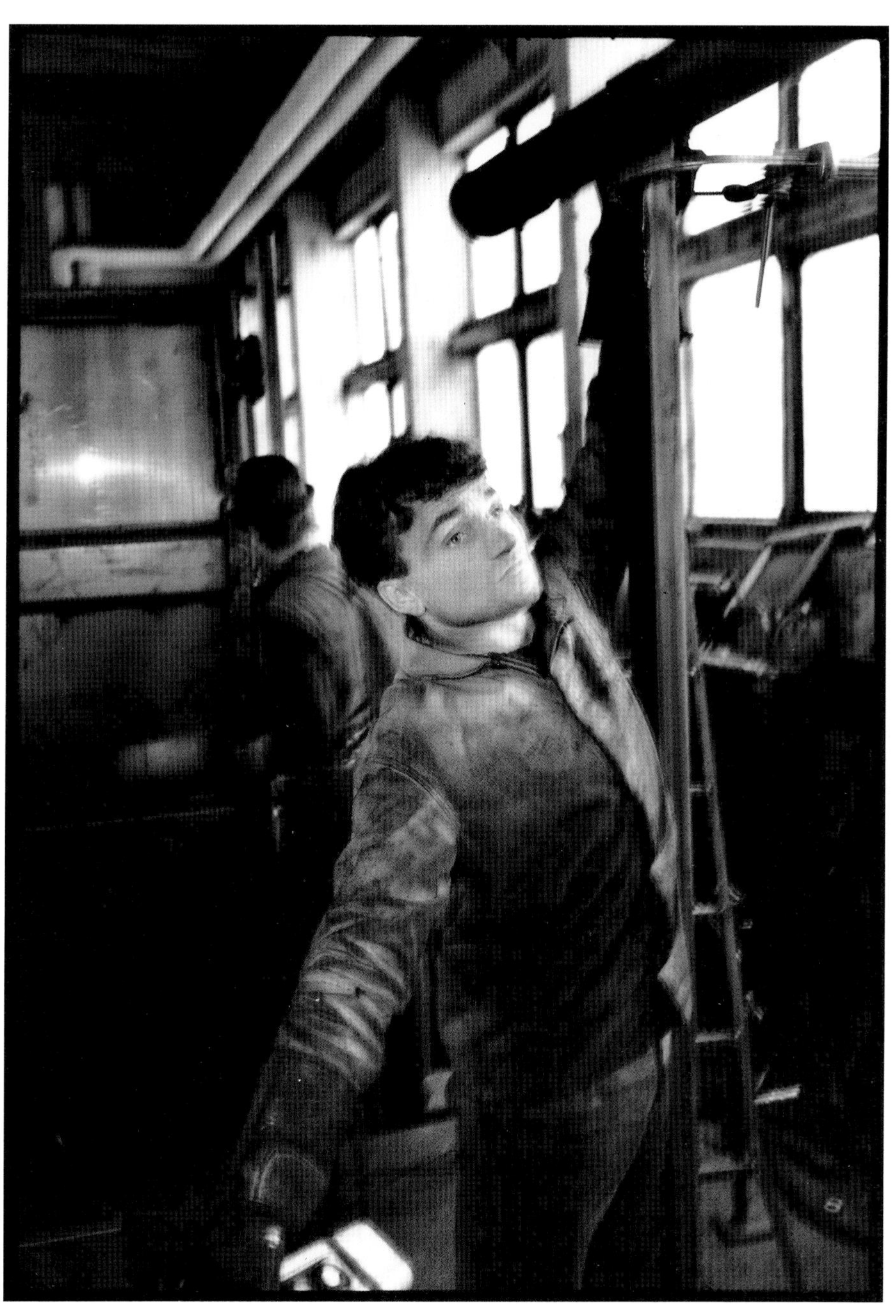

Armaturenwerk
Kietz

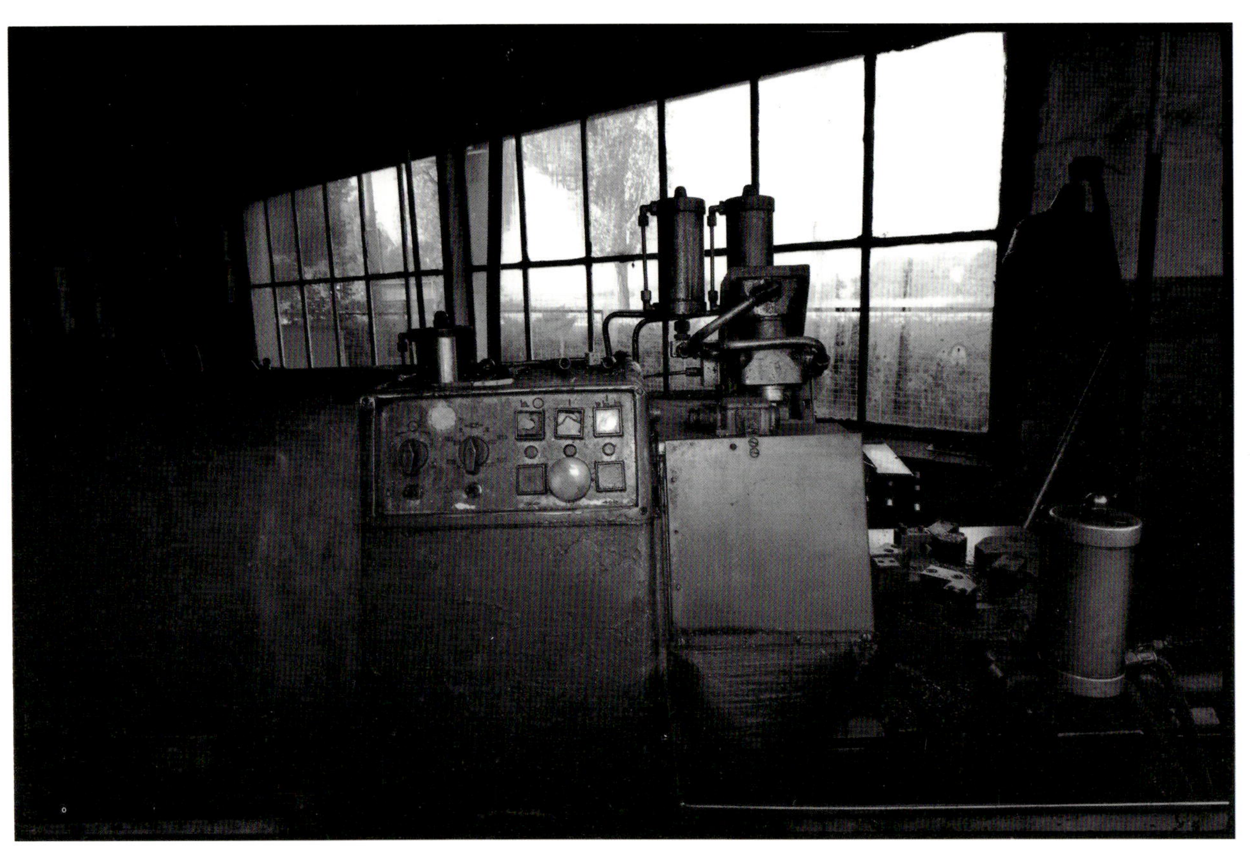

Geschäftsführer
der Tonwerke
Werbellinsee

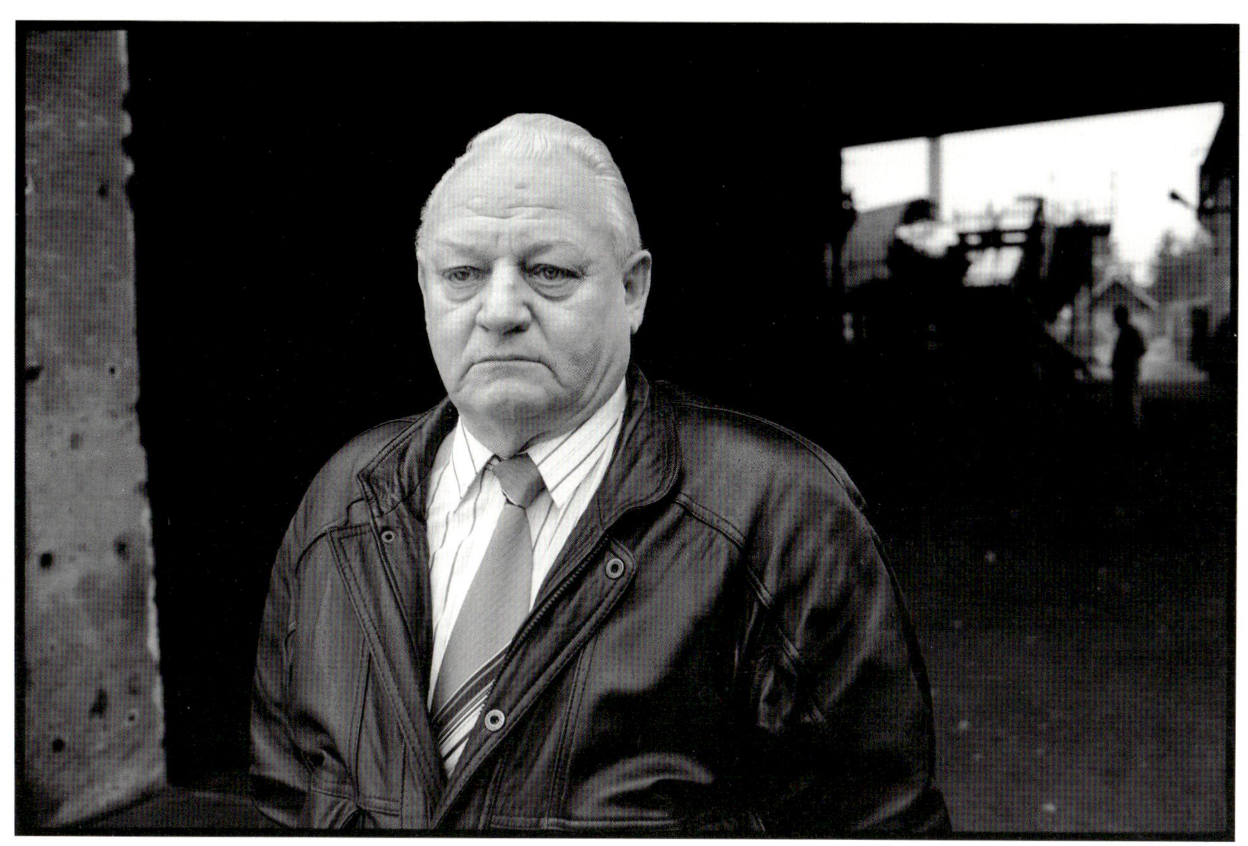

Kienitz
im Oderbruch

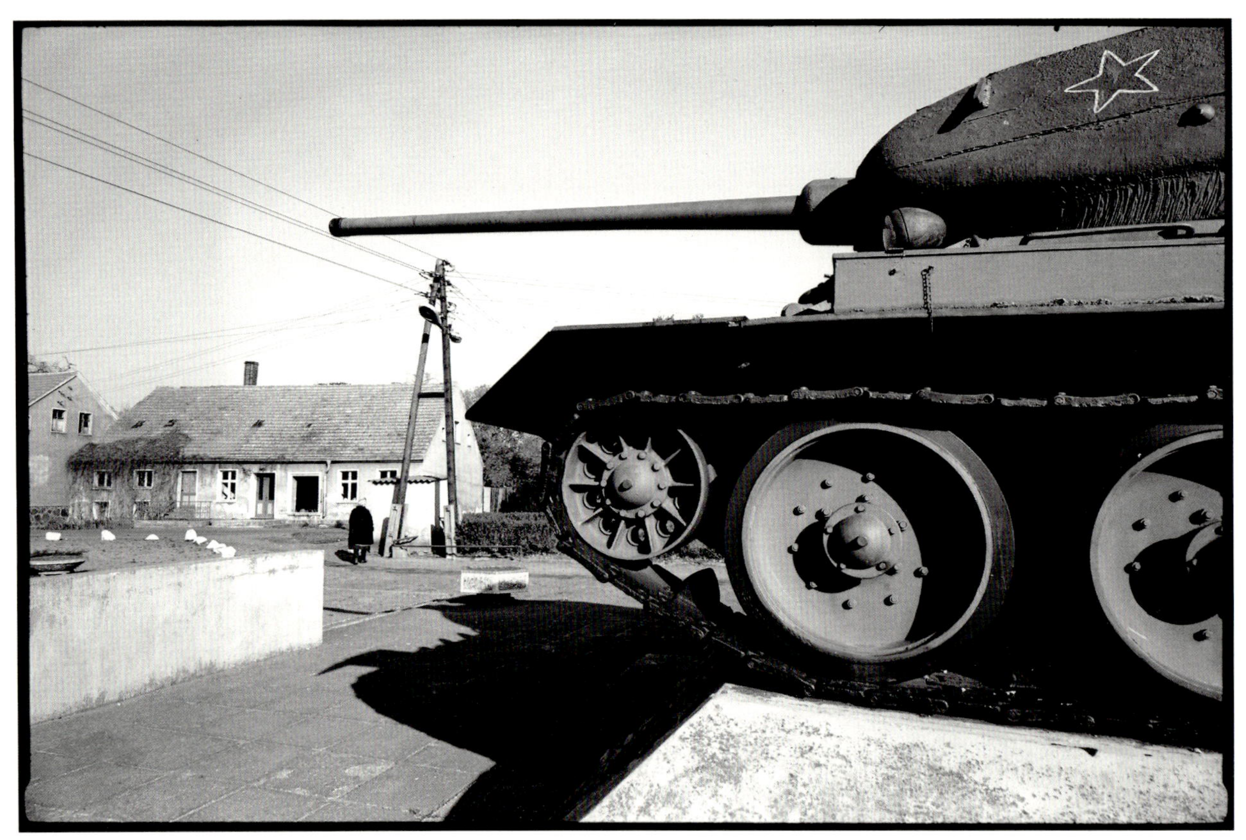

Uckermärkische Holzverarbeitung, Oderberg

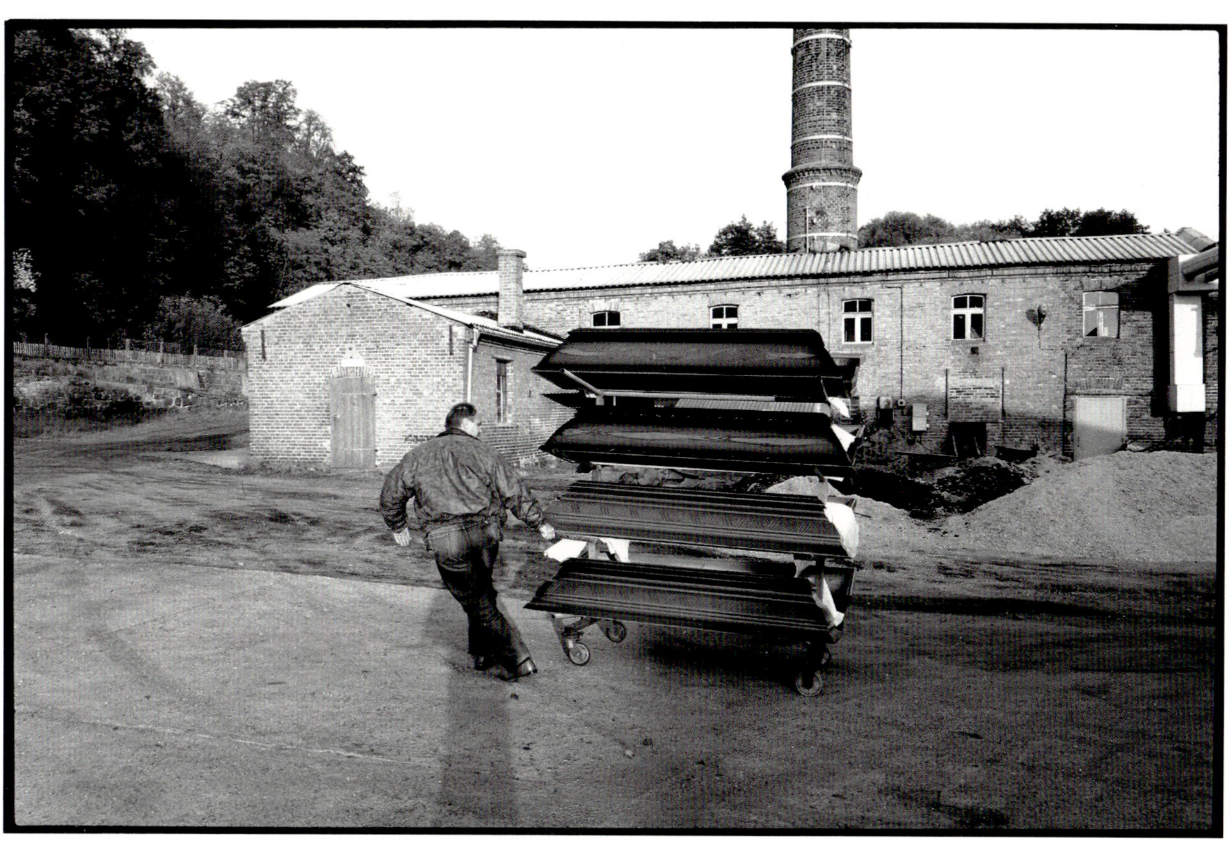

Neuhardenberg,
vormals Marxwalde

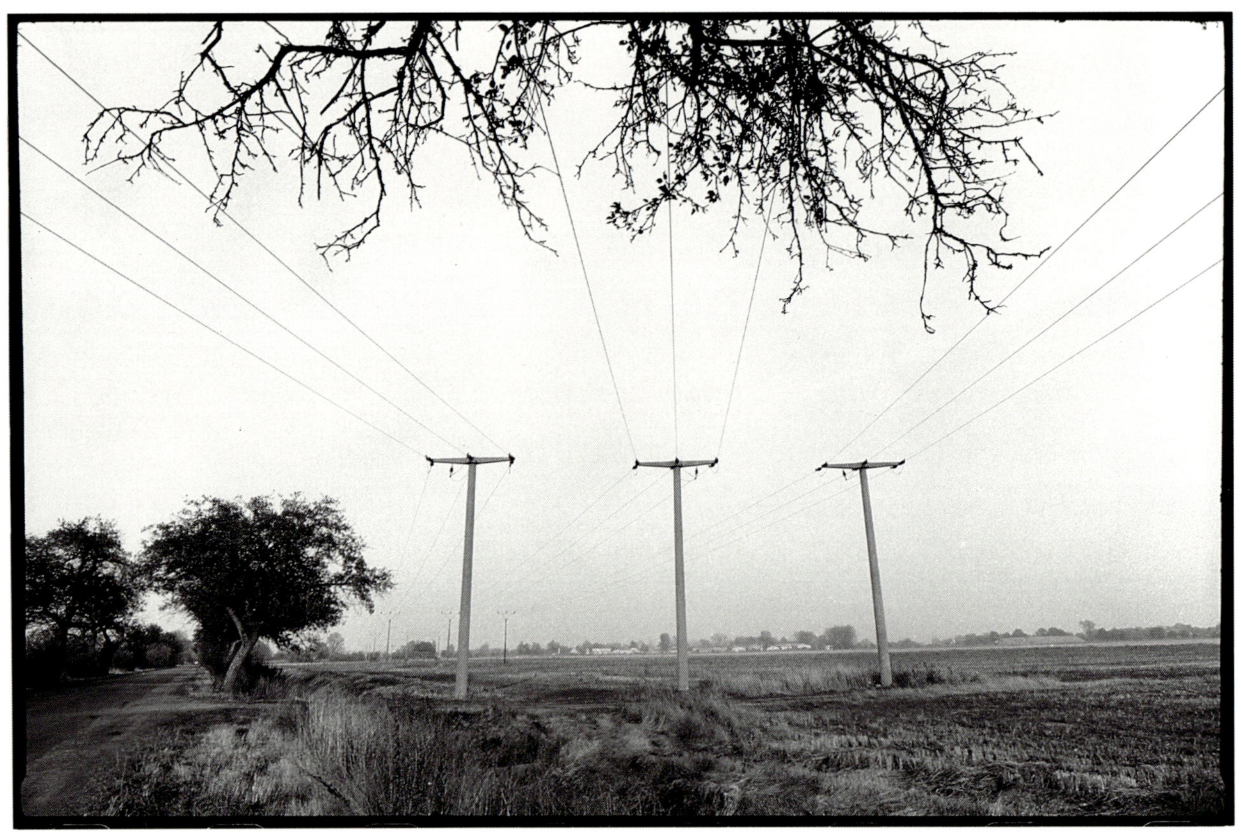

Ostdeutsche Porträts

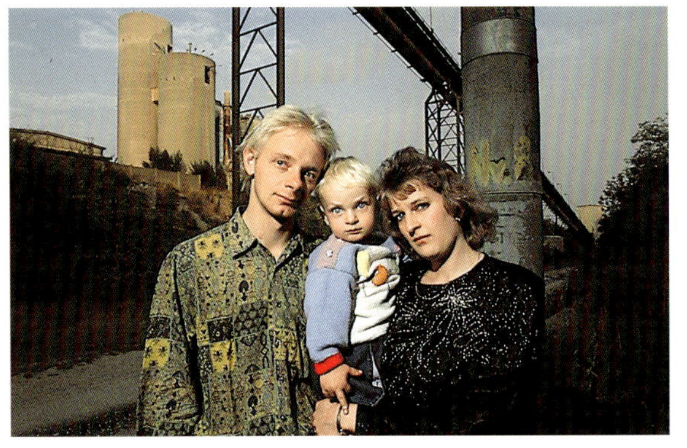

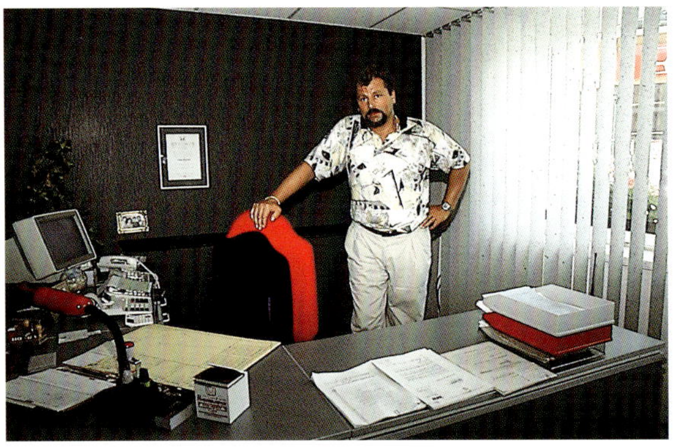

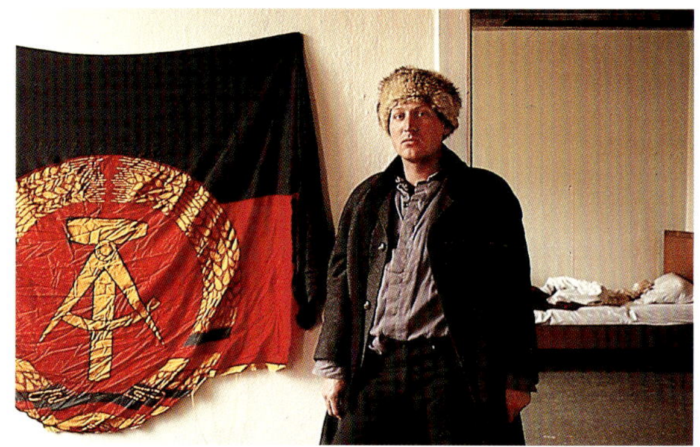

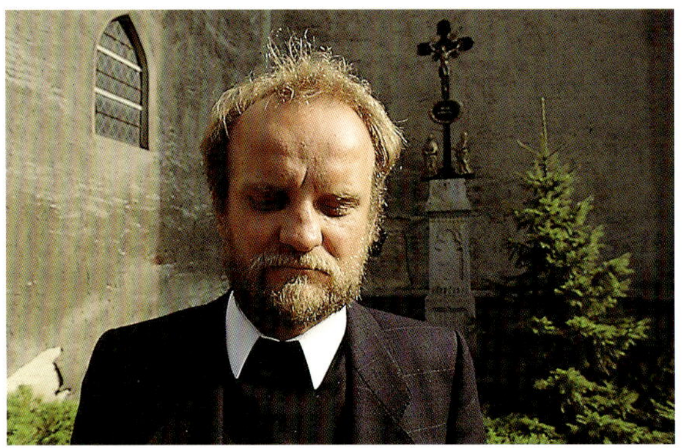

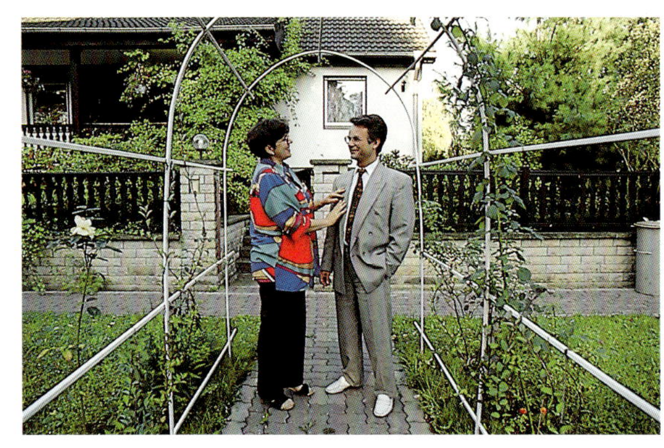

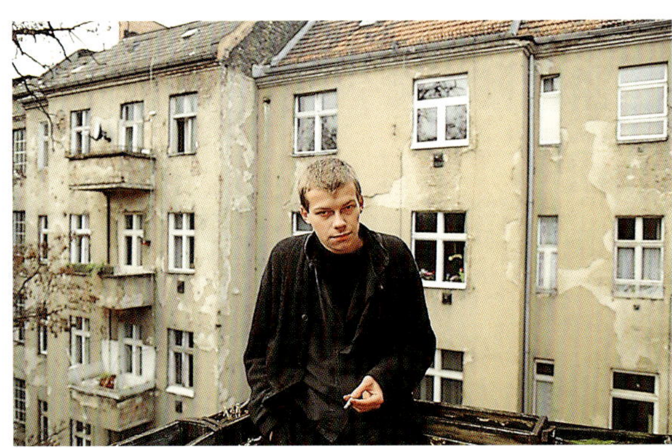

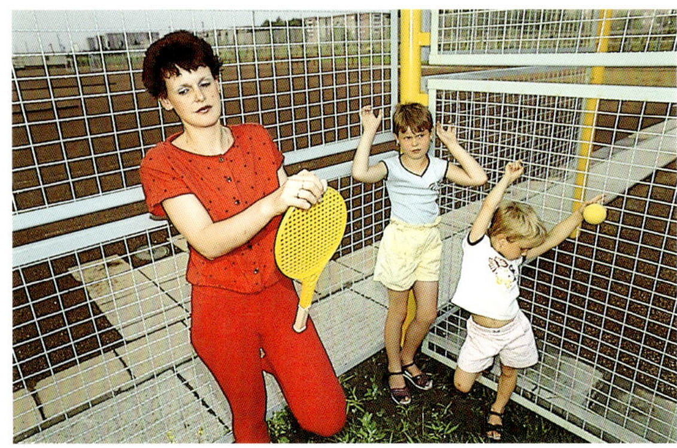

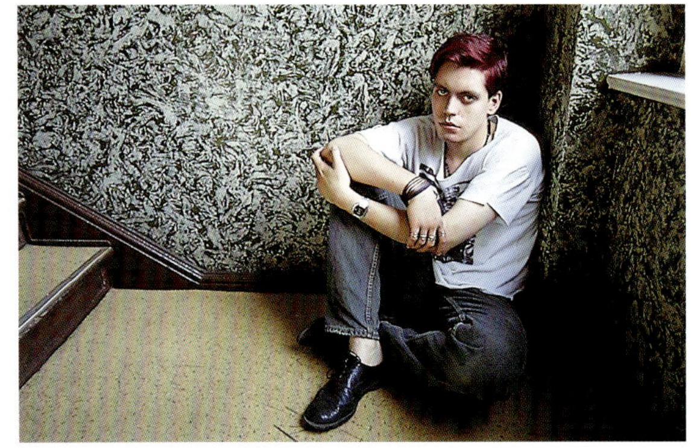

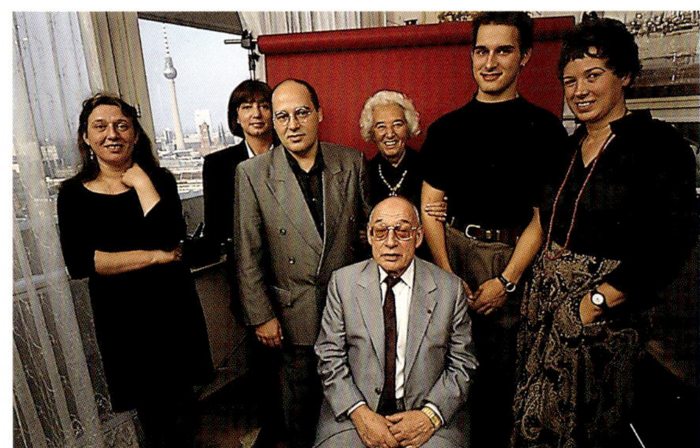

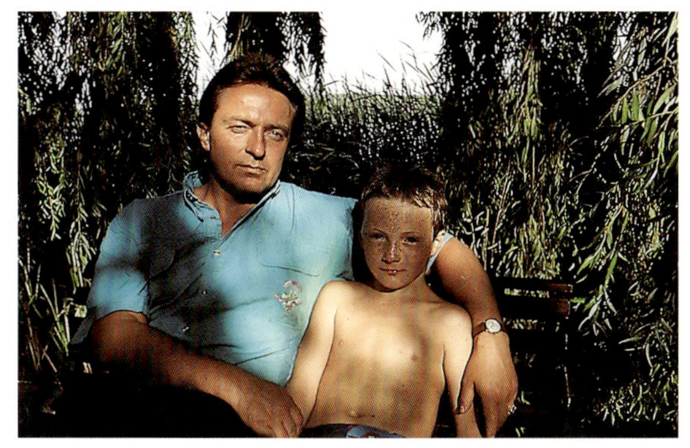

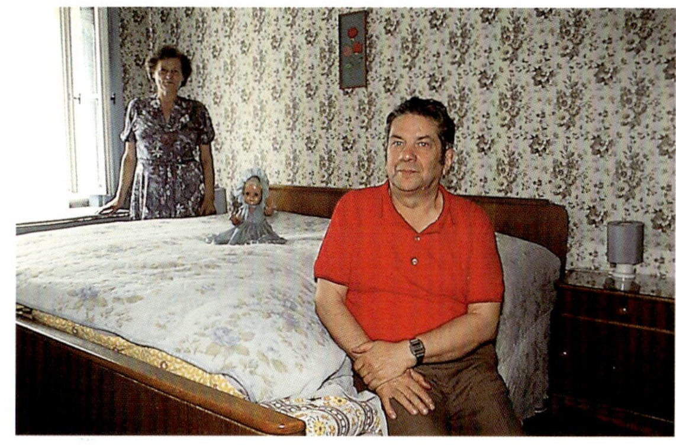

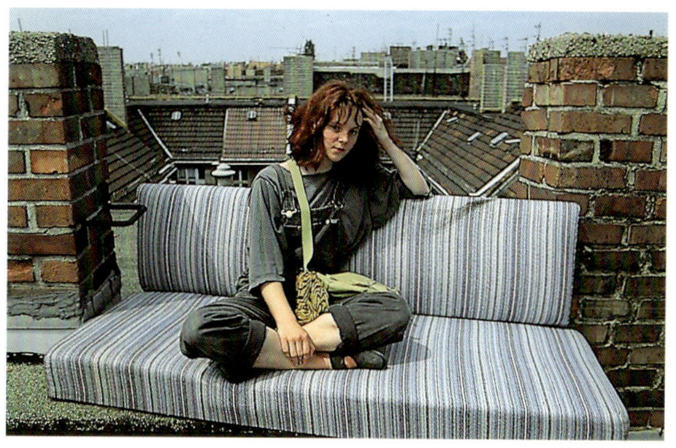

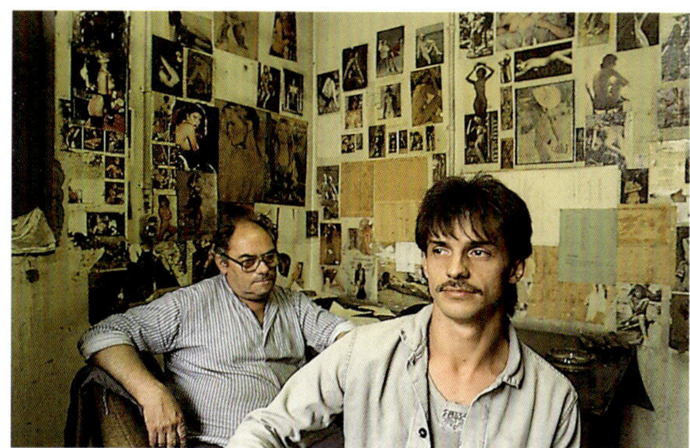

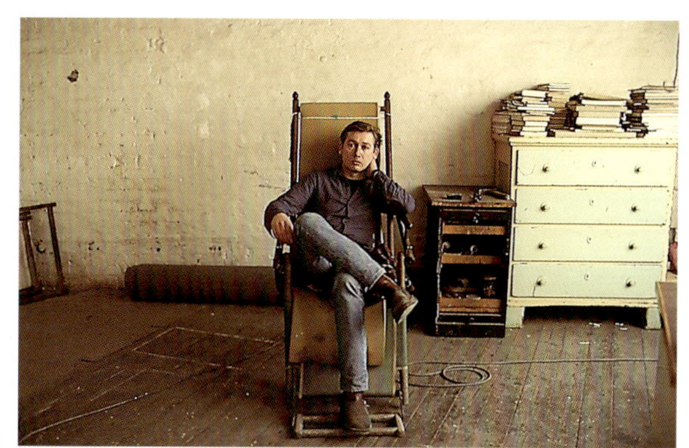

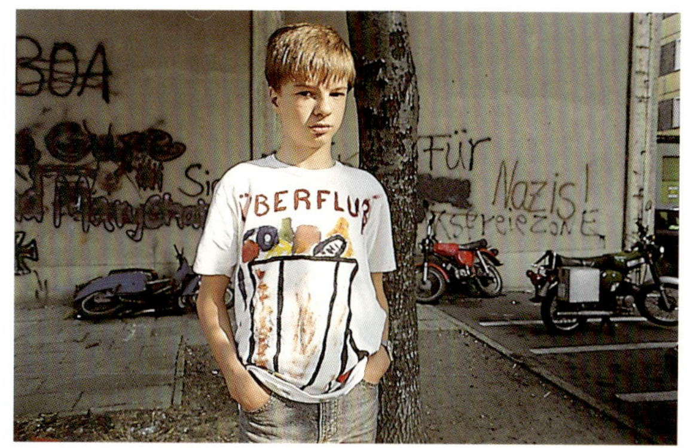
BOA
Für
Nazis!

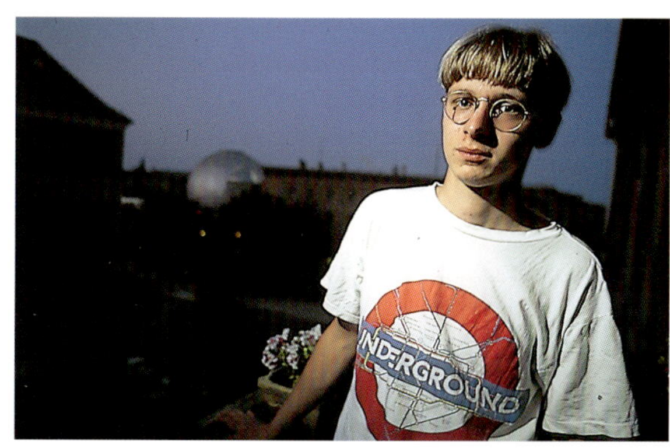
UNDERGROUND

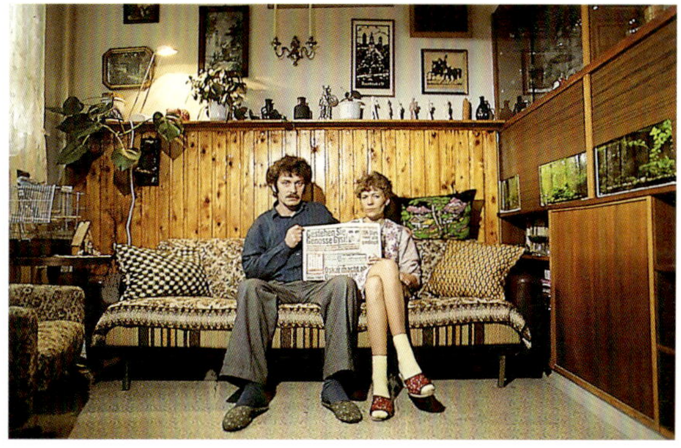

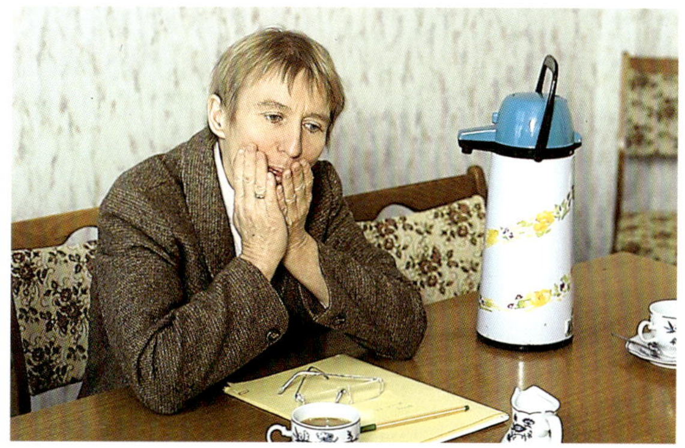

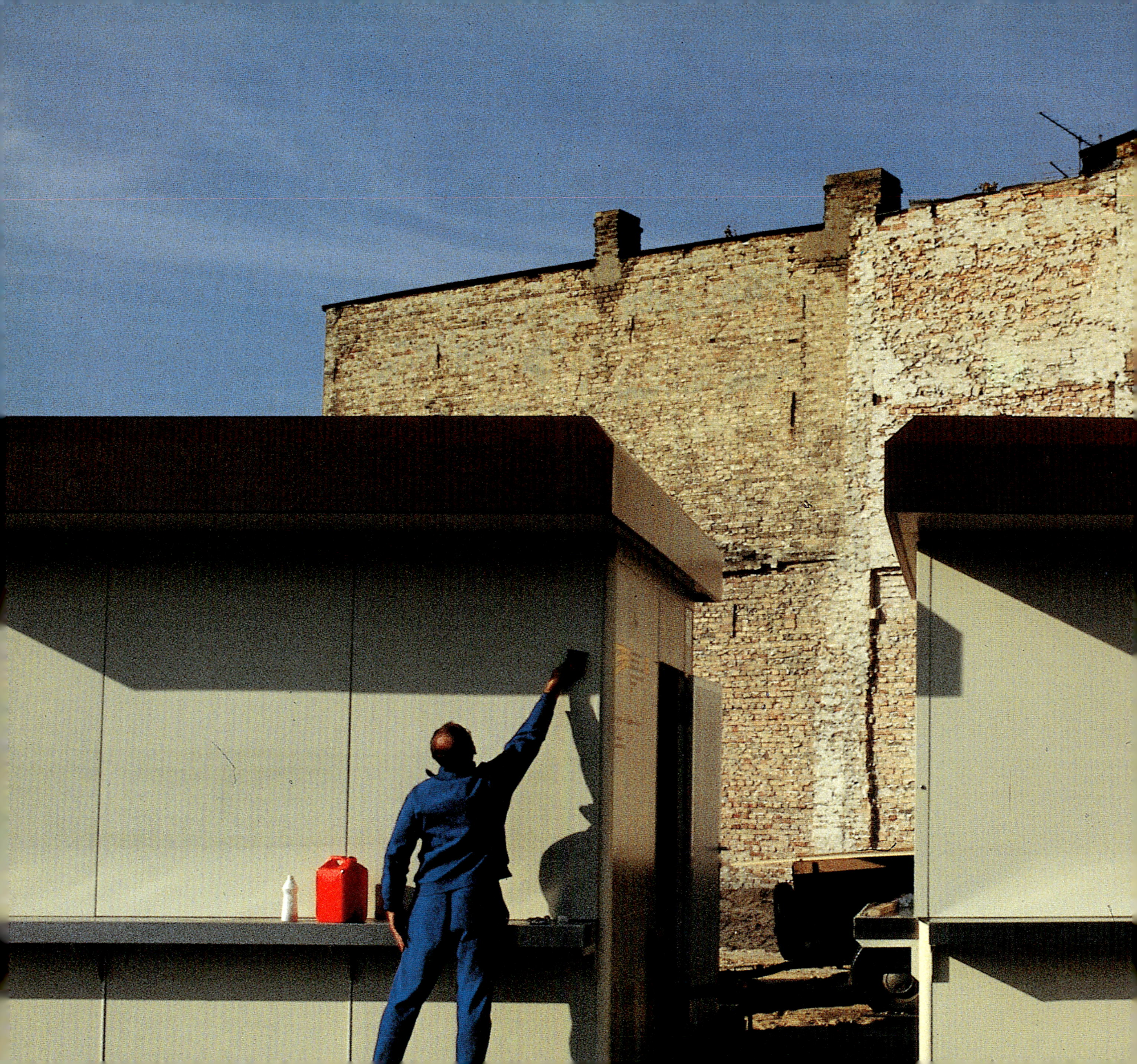

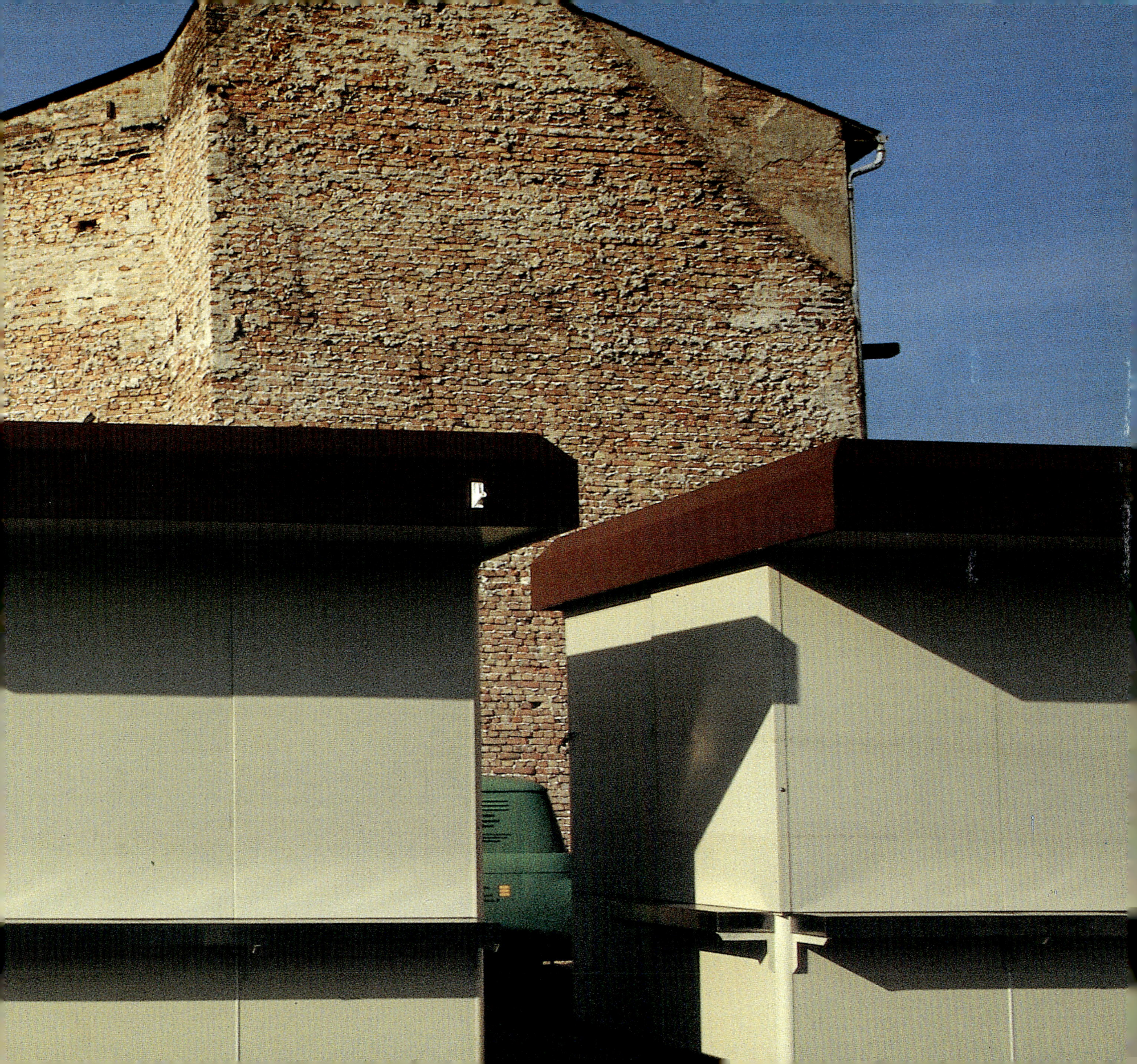

Ingo Hasselbach. Porträt

Fotografiert von
Sibylle Bergemann,
November 1992

Seite 62/63:
Sibylle Bergemann

»Ich bin ein Fehltritt.« –Am 14. Juli 1967 wird Ingo Füllgrap in Ostberlin geboren. Sein Vater, Düsseldorfer KPD-Mitglied, siedelte nach längerer Haftstrafe in die DDR über. Seine Mutter gibt das uneheliche Kind für die ersten fünf Jahre zur Großmutter, weil in ihrer Wohnung kein Platz ist.
»Total rote Socken« - seien seine Eltern: 1972 heiratet Ingos Mutter. Ihren Mann hat sie bei der staatlichen Nachrichtenagentur ADN kennengelernt, wo beide arbeiten. Ingo heißt jetzt Pfannschmidt.
»31. Oberschule Hilde Coppi« - im Wohngebiet der Frankfurter-Allee-Süd ist alles nach Antifaschisten benannt. 1974 beginnt der Jungpionier hier fürs Leben zu lernen. Vorher hatten ihn seine Eltern für zwei Jahre in ein Kinderwohnheim gegeben.
»Der Anfang vom Ende« –kam, als der 11jährige Ingo 1978 die Versetzung nicht schafft. Er muß das vertraute Klassenkollektiv verlassen und verliert die Lust am verordneten Leben.
»Keine Macht für niemand« - heißt es jetzt auf seiner Jacke. 1980 läßt sich Ingo auf dem Schulhof einen Irokesenschnitt verpassen. Der einstige Thälmannpionier ist jetzt ein Punk.
»Potentieller Störer des sozialistischen Zusammenlebens.« - So lautet der erste Eintrag in seine Stasi-Akte, die 1981 beginnt: Nach einer Fahrkartenkontrolle randalierte der 13jährige, später wird er verdächtigt, Anarchiezeichen und Hakenkreuze an Häuser geschmiert zu haben.
»Mein Meister konnte Punks nicht ausstehen.« Ingo bricht 1985 seine Maurerlehre ab. Der Jugendknast droht, als er überführt wird, in einer Kaufhalle Schnaps geklaut zu haben.
»Ja, ich will.« - 1987 heiratet der 19jährige und nimmt den Namen seiner Frau an: Hasselbach.
»Die Mauer muß weg« - ruft Ingo Hasselbach auf dem Drushba-Fest zur Deutsch-Sowjetischen Freundschaft.
»Rowdytum in einem besonders schweren Fall« lautet das Urteil, »ein Jahr Haft« die Strafe. Ingo kommt zur Zwangsarbeit ins Zementwerk Rüdersdorf bei Berlin.
»Der Knast hat mich total verändert.« - Aus dem Anarcho Hasselbach wird ein Skinhead. Nach der Haft schließt er sich der »Lichtenberger Front« an und läßt sich 1988 von seiner Frau scheiden. Er will sich ganz der Bewegung widmen.
»Keine Ausreisegenehmigung für den Bürger Hasselbach.«- Er versucht über Prag zu fliehen, wird erwischt. 1989 sitzt Ingo Hasselbach wieder im Knast, während seine Landsleute die Prager Botschaft in Richtung Westen verlassen. Eine Amnestie setzt im Oktober auch ihn auf freien Fuß.
»Ich bin ein nationaler Sozialist« - Ingo Hasselbach macht eine Rundreise zu deutschen Neo-Nazis: »Michael Kühnen war ein Mensch, der begeistern konnte.«
Vom Westen ist er entsetzt.
»Am Tag der Machtergreifung« - am 30. Januar 1990 gründet Hasselbach die »Nationale Alternative«, die erste Rechtspartei in Ostdeutschland.
Wenig später besetzt er mit seinen Gesinnungsfreunden ein Haus: Die Weitlingstraße 122 »wird zur braunen Hochburg«.
»Asterix und der Endsieg« - Ingo Hasselbach stürzt sich in die politische Arbeit, wird Mitglied der »Deutschen Alternative« und der »NSDAP/Aufbau Organisation«, Ermittlungsverfahren laufen gegen ihn: Verwendung verfassungsfeindlicher Symbole, Körperverletzung, Brandstiftung.
»Das Jahr der Politikverdrossenheit« - so geht 1992 in die Geschichtsbücher ein. Der Gestank nach verbranntem Menschenfleisch macht Hasselbach plötzlich Angst vor den Geistern, die er rief.
»Ich habe mein Leben ruiniert.« - Im Februar 1993 wird er wegen Unzurechnungsfähigkeit vom Verdacht der Körperverletzung freigesprochen. Ingo Hasselbach sieht das Urteil als letzte Chance.
»Nie wieder.« Am 15. März 1993 sagt sich Ingo Hasselbach öffentlich von der Naziszene los. Nur so könne er einen Rückfall vermeiden, glaubt Ingo. Die Rechten wollen den Verräter bestrafen. Zwei konkrete Morddrohungen hat Ingo Hasselbach bis heute erhalten und bisher überlebt. Das neue Leben des Ingo Hasselbach beginnt mit der Angst vor den alten Kameraden.

(Aus: Dirk Lehmann und Wolfgang Metzner, »Wozu sind wir denn bewaffnet?«)

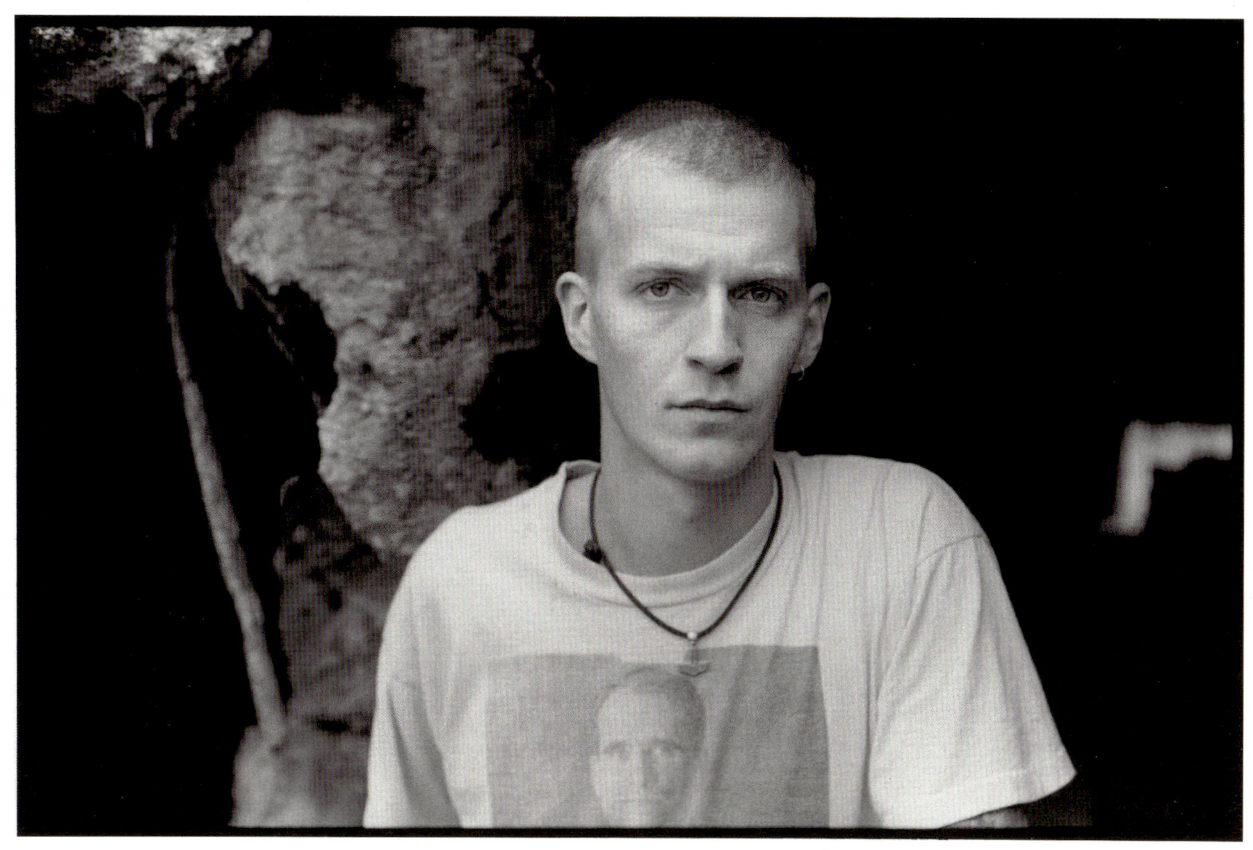

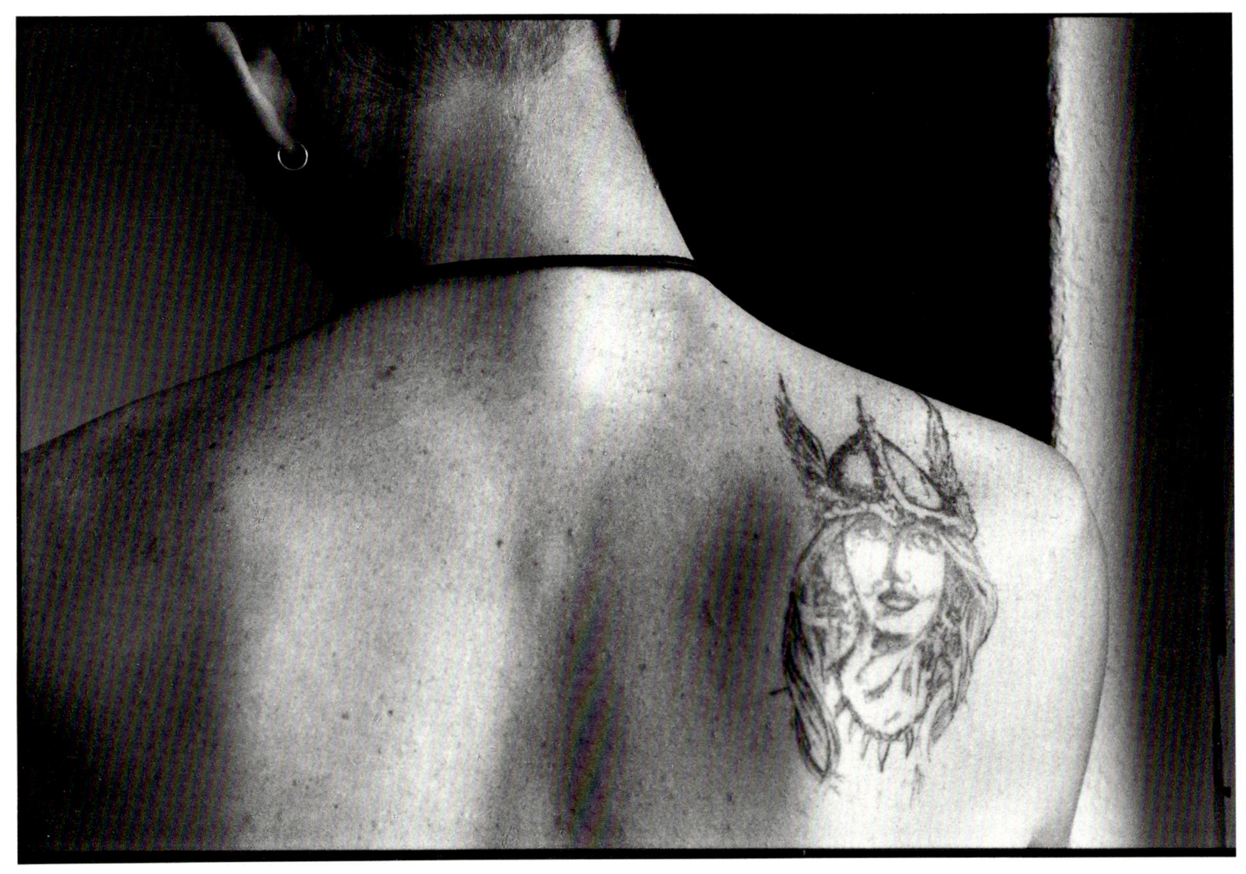

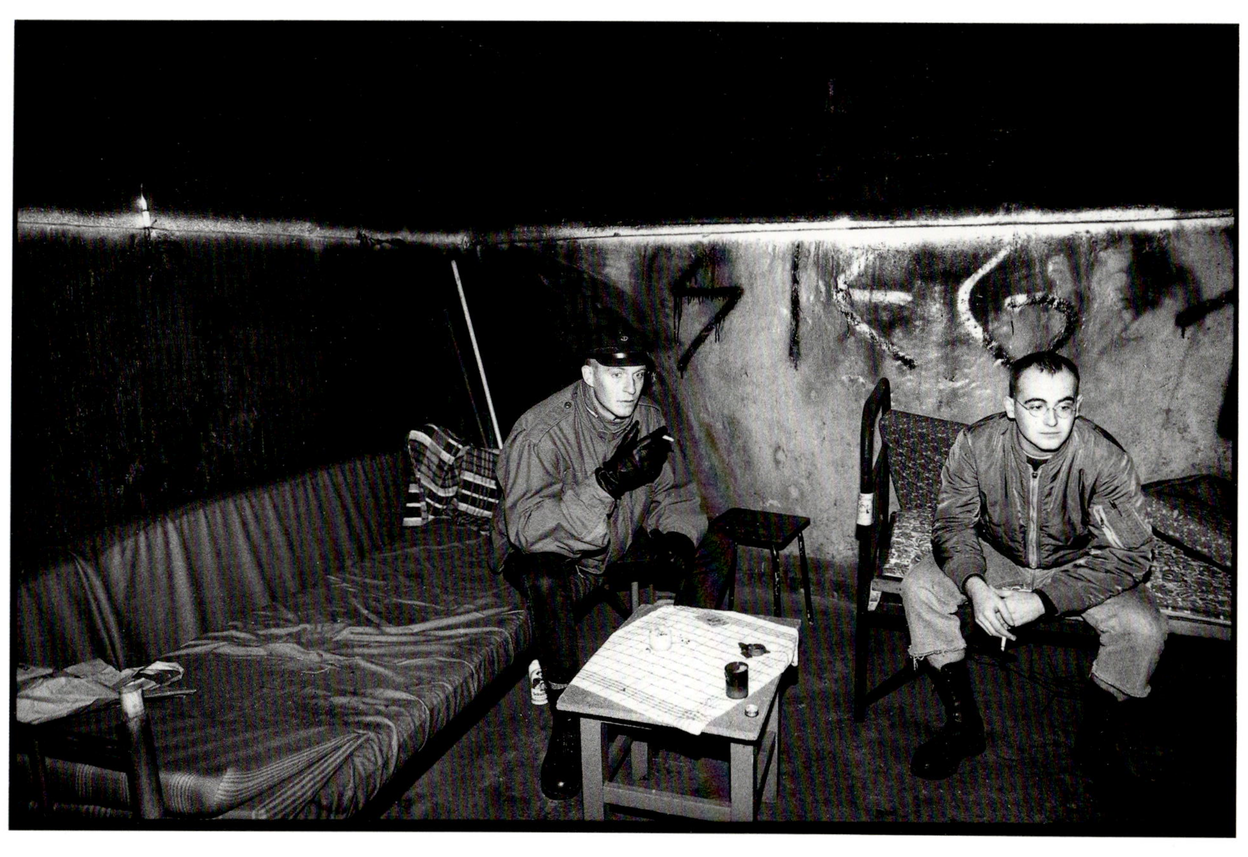

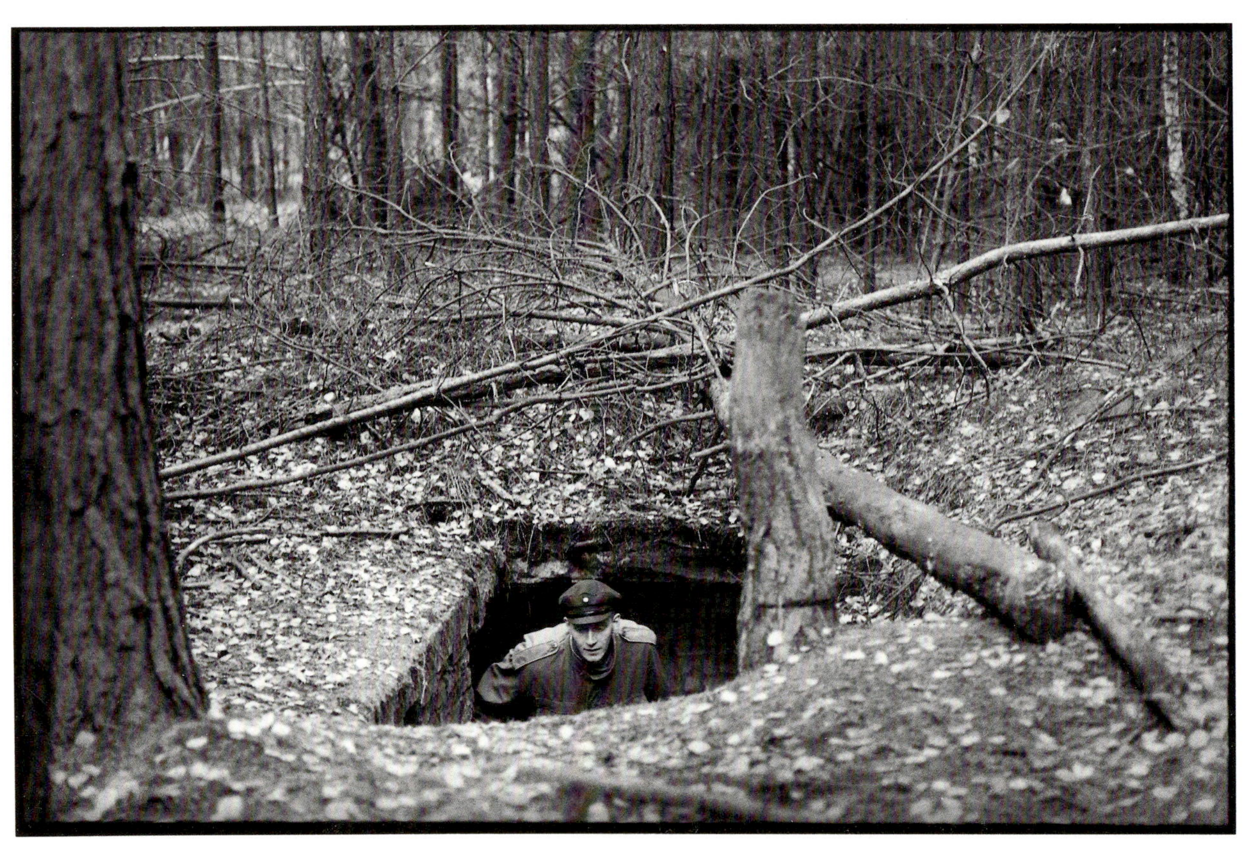

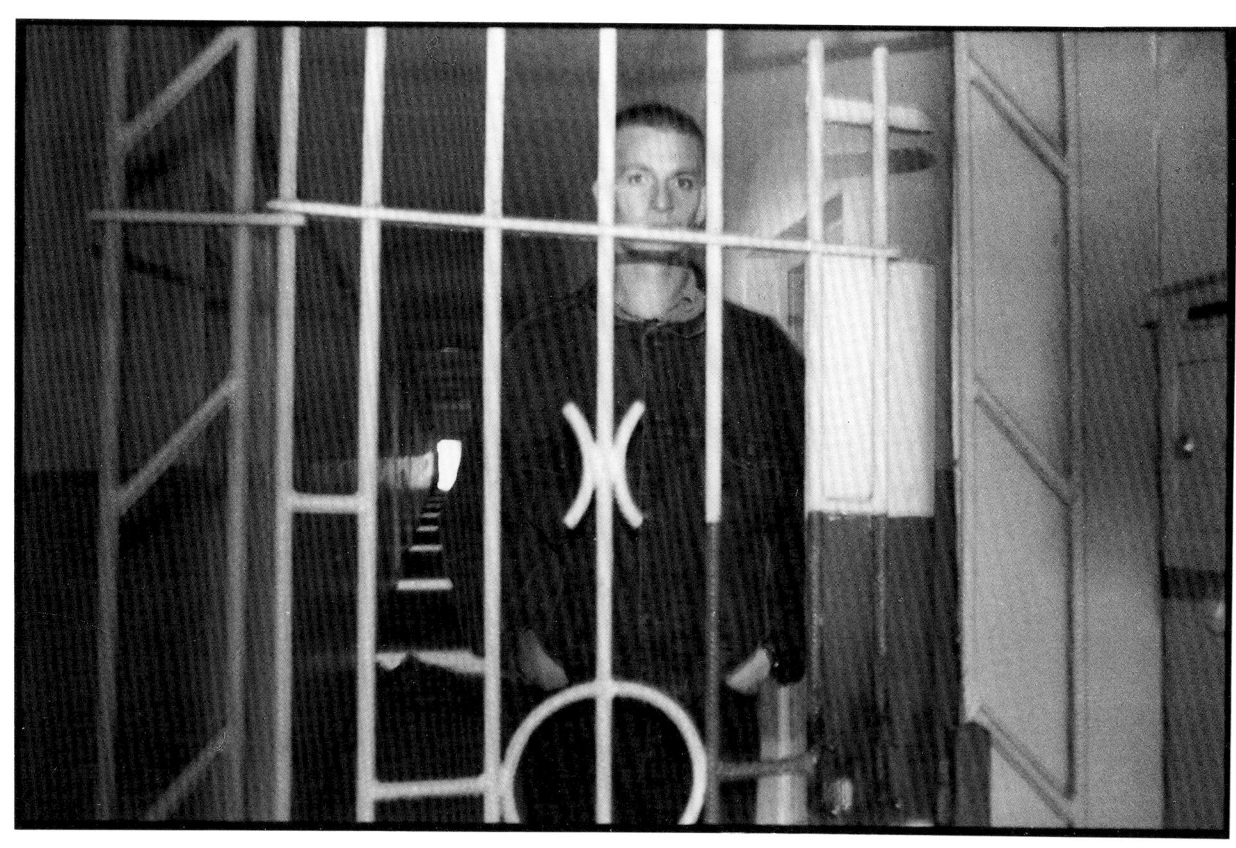

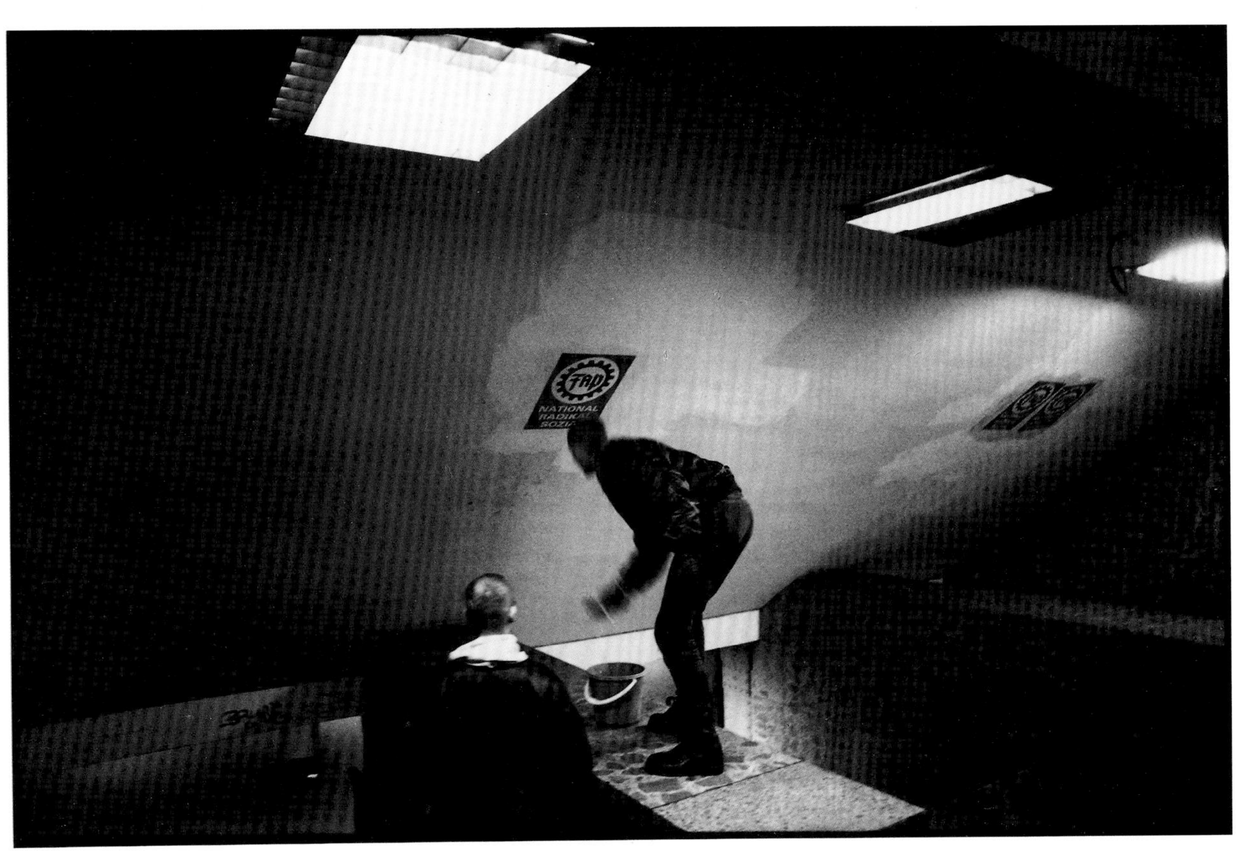
FRD
NATIONAL

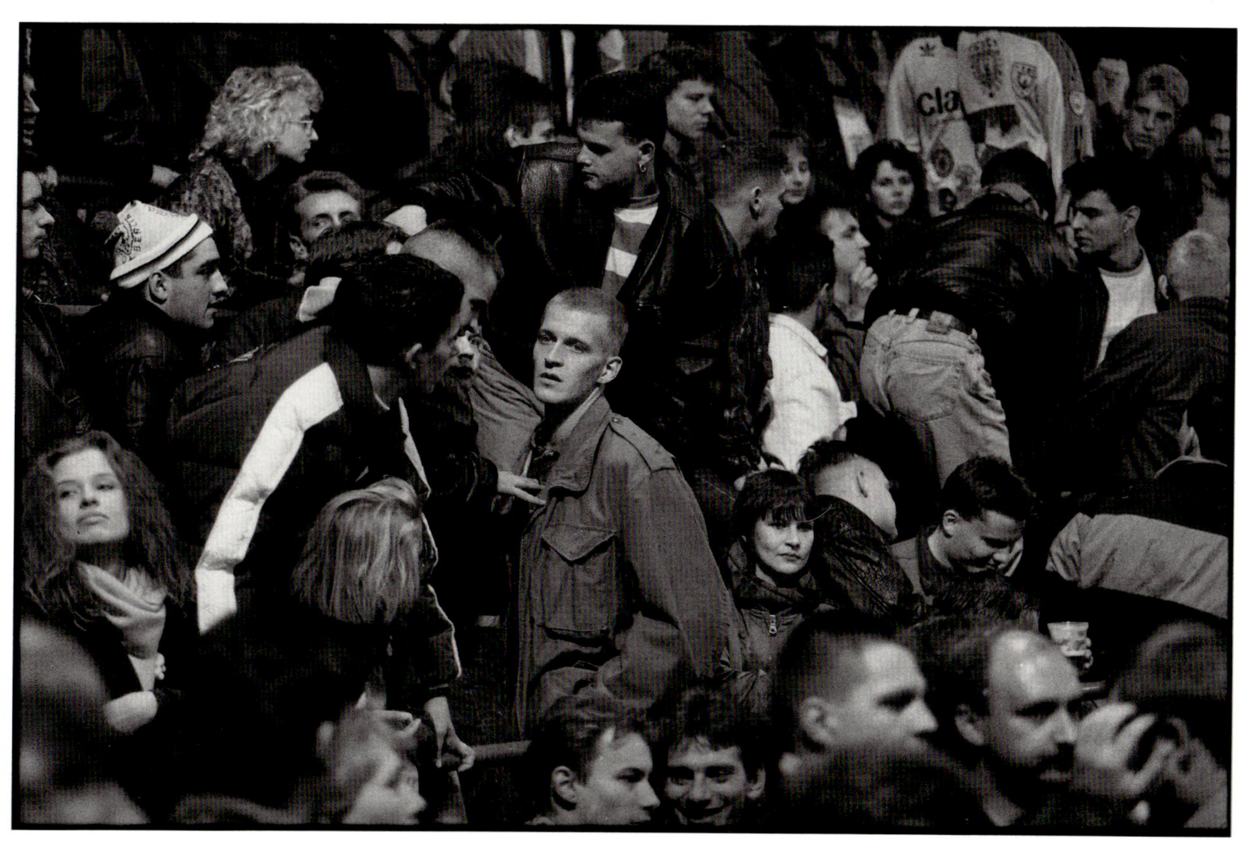

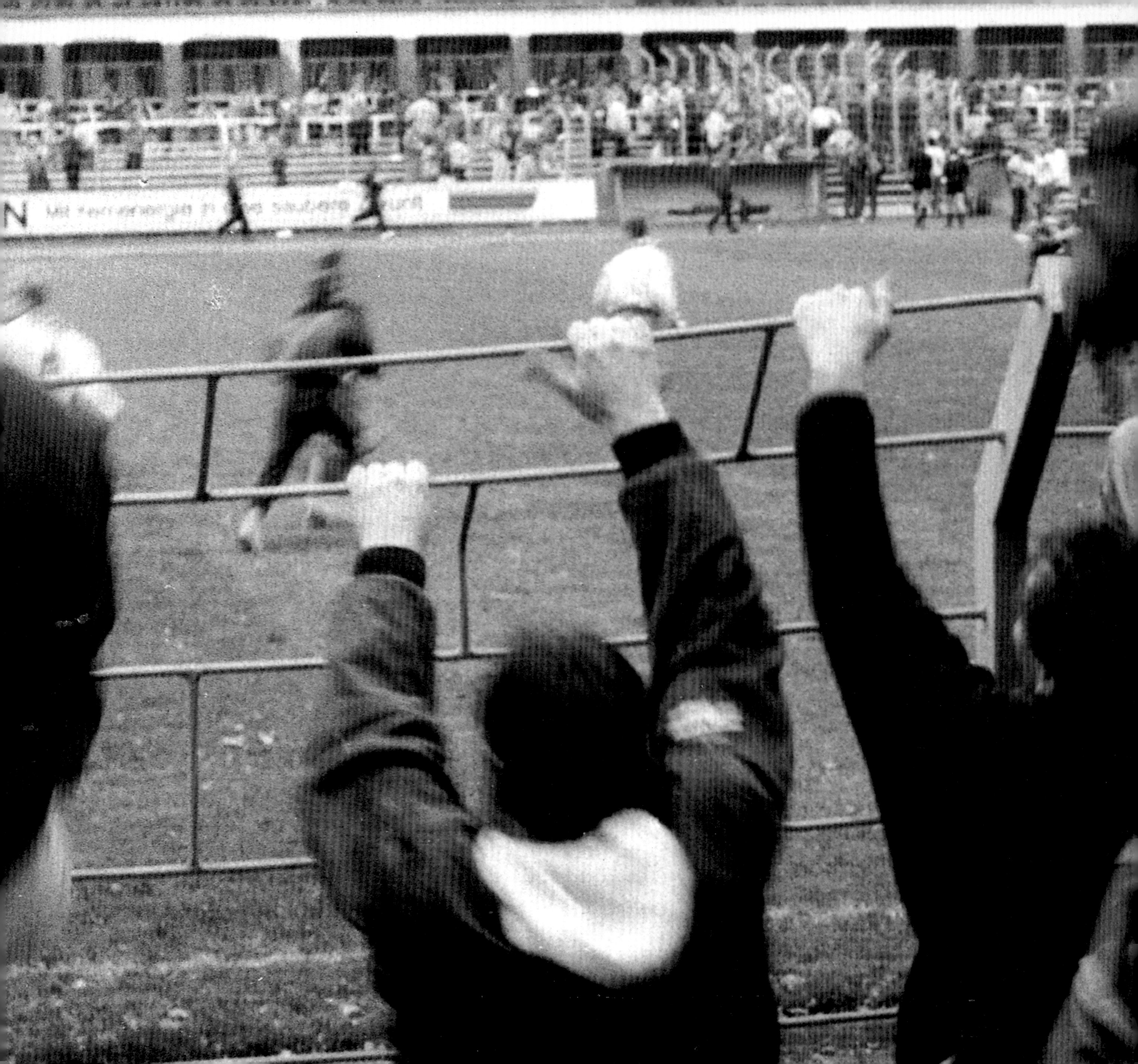

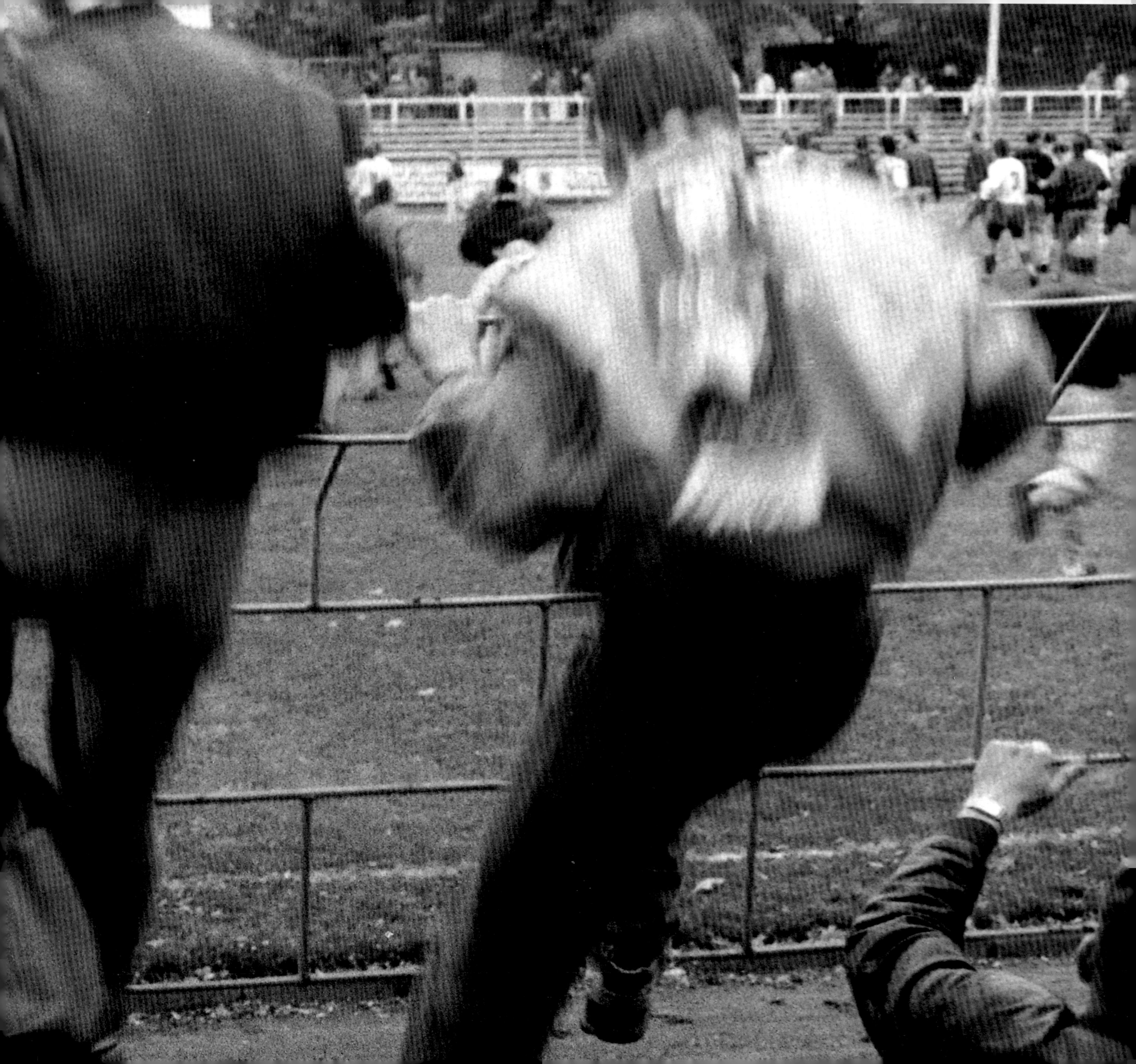

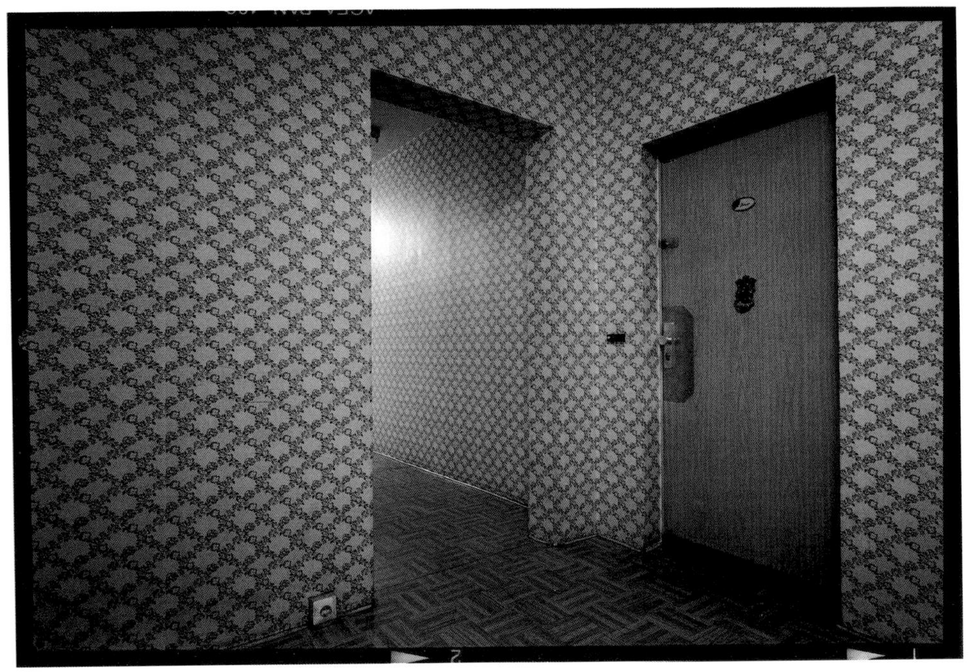

Seite 72/73:
Harald Hauswald

Plattenbauten

Fotografiert von
Harf Zimmermann,
Mai 1992

Offiziell hieß es in der DDR »komplexer Wohnungsbau«. Der Volksmund sagte schnöde »die Platte«.
Platte, das hält sich ans Sichtbare: daß alle Häuser aus endlos sich wiederholenden, gleichartigen Betontafeln montiert sind.
Das »Komplexe« an den Neubaugebieten in Plattenbauweise war das Komplette: daß ganze Siedlungen, Stadtbezirke, ja Städte als »Pakete« geplant und errichtet wurden, mitsamt allen Versorgungs- und Gemeinschaftseinrichtungen, mit Schulen, Kindertagesstätten, Läden, Restaurants, Polikliniken, Post und Verkehrsmitteln. Heute sind sie der Musterfall eines wahrhaft komplexen Problems, zu dem sich hier ökonomische, bautechnische und nebenher auch ästhetische Probleme verknotet haben – eine der problematischsten Hinterlassenschaften der versunkenen DDR.

Es war viel die Rede davon, daß sich hier, in den Plattengroßsiedlungen, nun endlich die wahre, sozialistische Lebensweise entfalten könne. In einem entsprachen diese Trabantenstädte der Ideologie genau. Sie waren ein großer Schritt zu auf das, was leicht verschämt »soziale Homogenisierung« hieß, sie waren Burgen der Gleichheit. Da die Wohnungen in der DDR alle etwa gleich billig waren und man seine Wohnung in der Regel sowieso nicht selber aussuchte, sondern zugewiesen bekam , herrscht allerorten noch ein Zustand, der Stadtplaner frohlocken läßt: eine sehr geringe soziale Segregation. Der Müllmann wohnt neben dem Professor, der Schauspieler neben der Verkäuferin, und alle finden das nur richtig. Bisher hält sich in den Großsiedlungen die Fluktuation im Rahmen des Normalen.
Aber nun, da sich die Gesellschaft differenziert, ihre Gewinner und ihre Verlierer hat, ist es fast unausbleiblich, daß die Besserverdienenden irgendwann wegziehen, in die sanierten Stadtkerne, wo es ein städtisches Leben gibt, oder, wenn schon in Neubausiedlungen, dann in die modernen, wo Westnormen gelten. Für sie werden jene hierher kommen, die ihre Wohnungen im Stadtinneren nicht mehr bezahlen können. Das ist also die Drohung, die heute über den Plattensiedlungen schwebt und über die sich alle im klaren sind: die Verslumung...

(Aus: Dieter E. Zimmer, »Der Platte eine Chance«)

Berlin -
Hohenschönhausen I

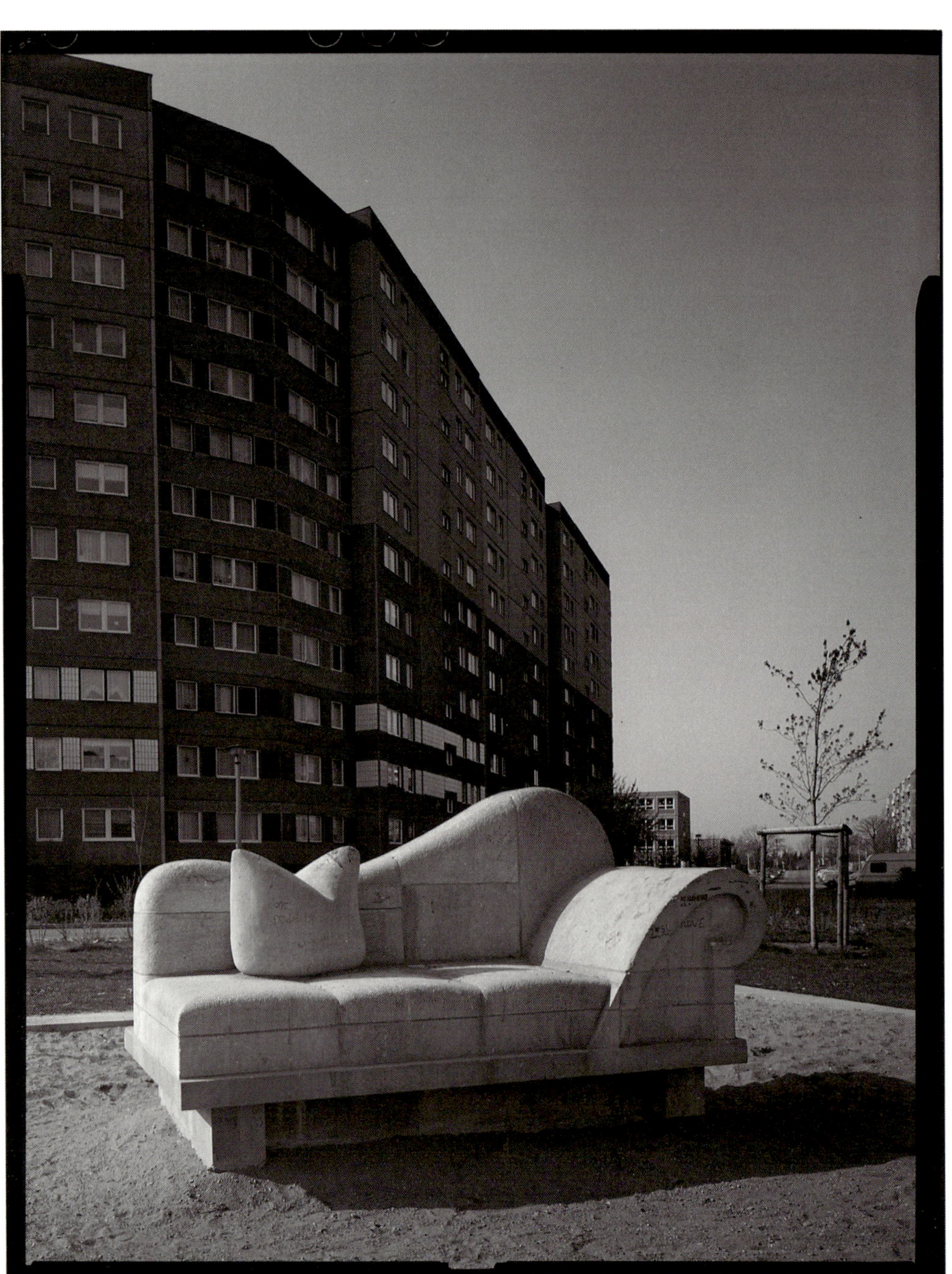

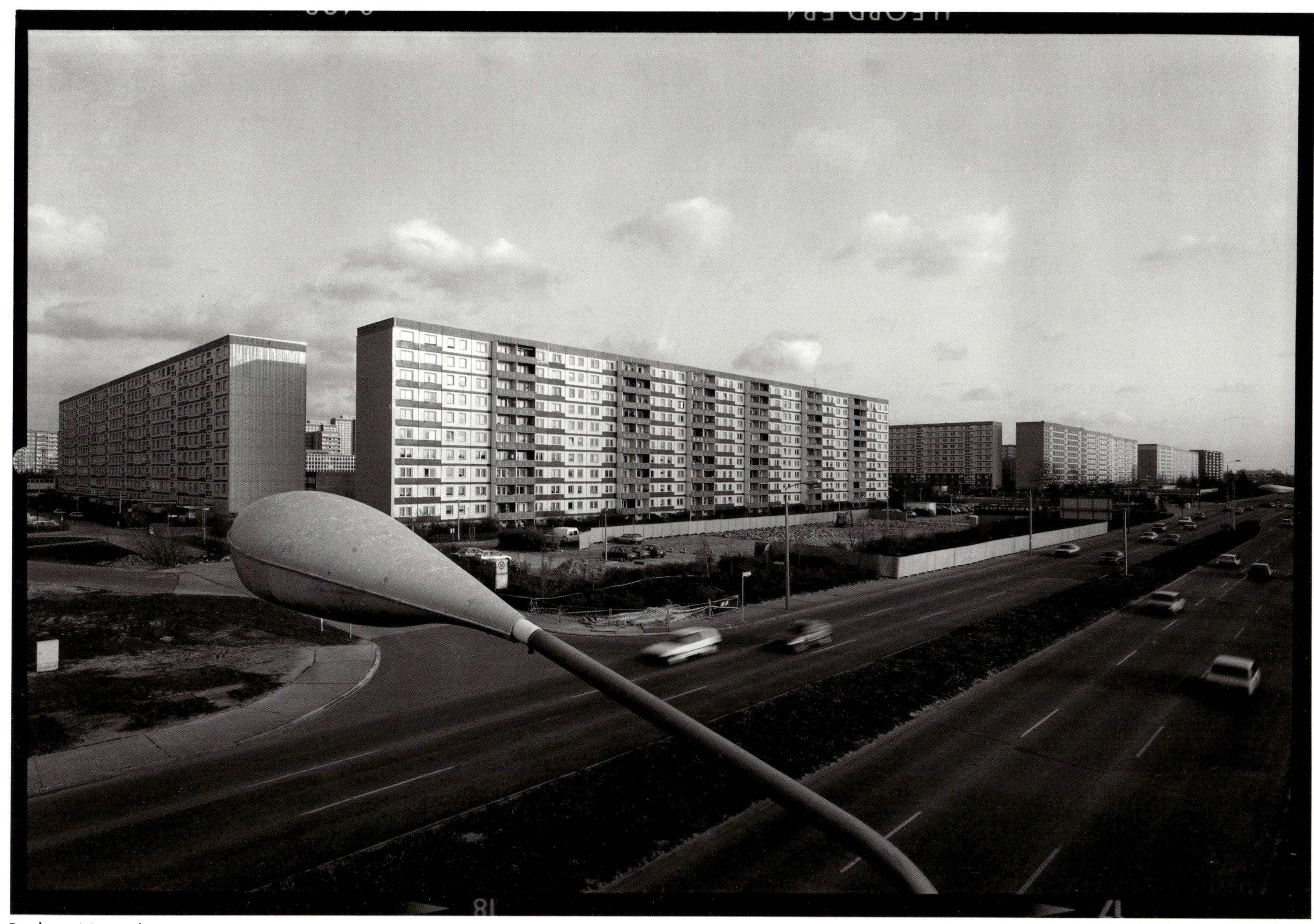

Berlin - Marzahn

Berlin - Marzahn,
Denkmal zur
Fertigstellung des
Wohnkomplexes I

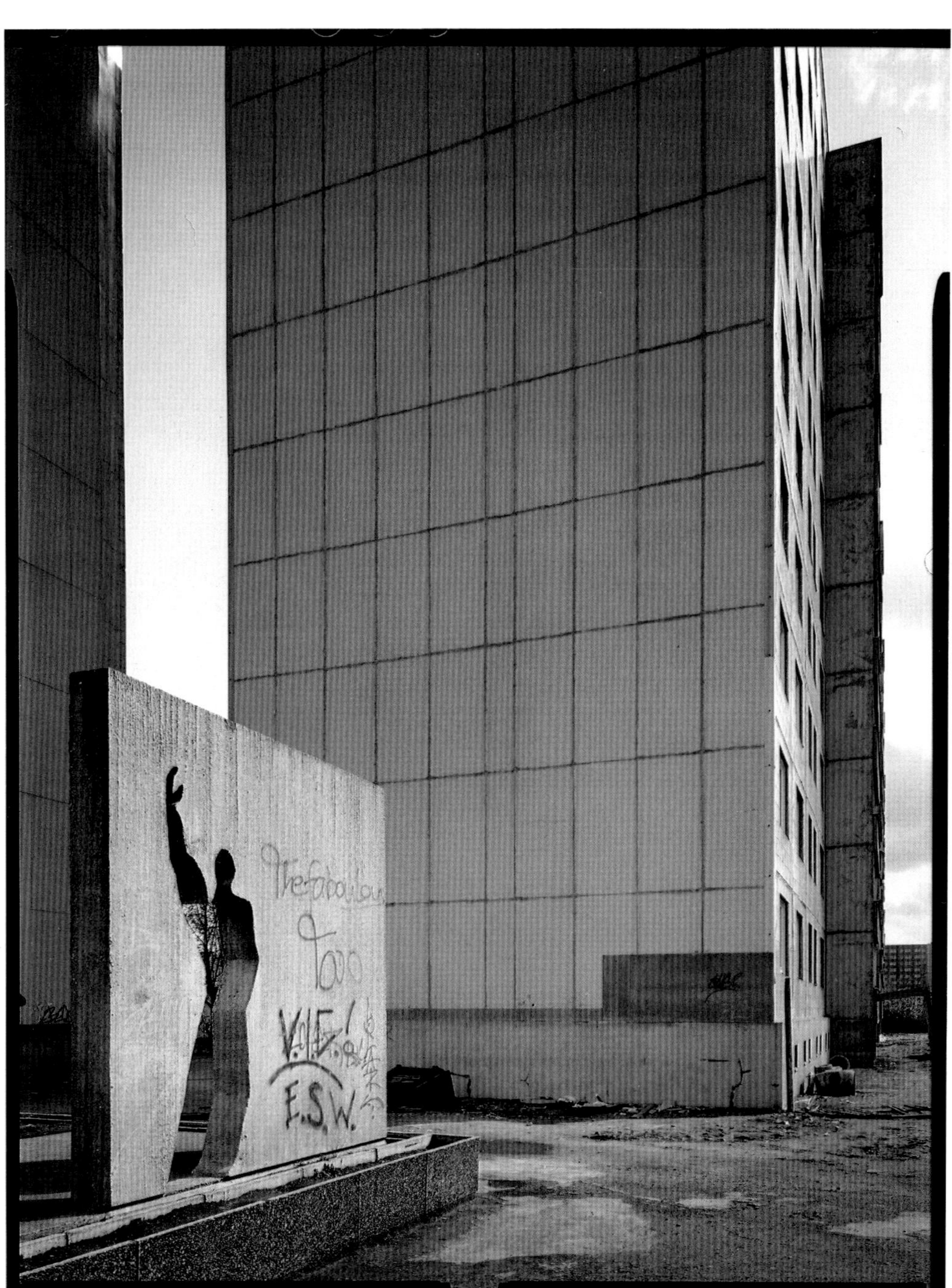

Seite 79:
Berlin-Friedrichshain

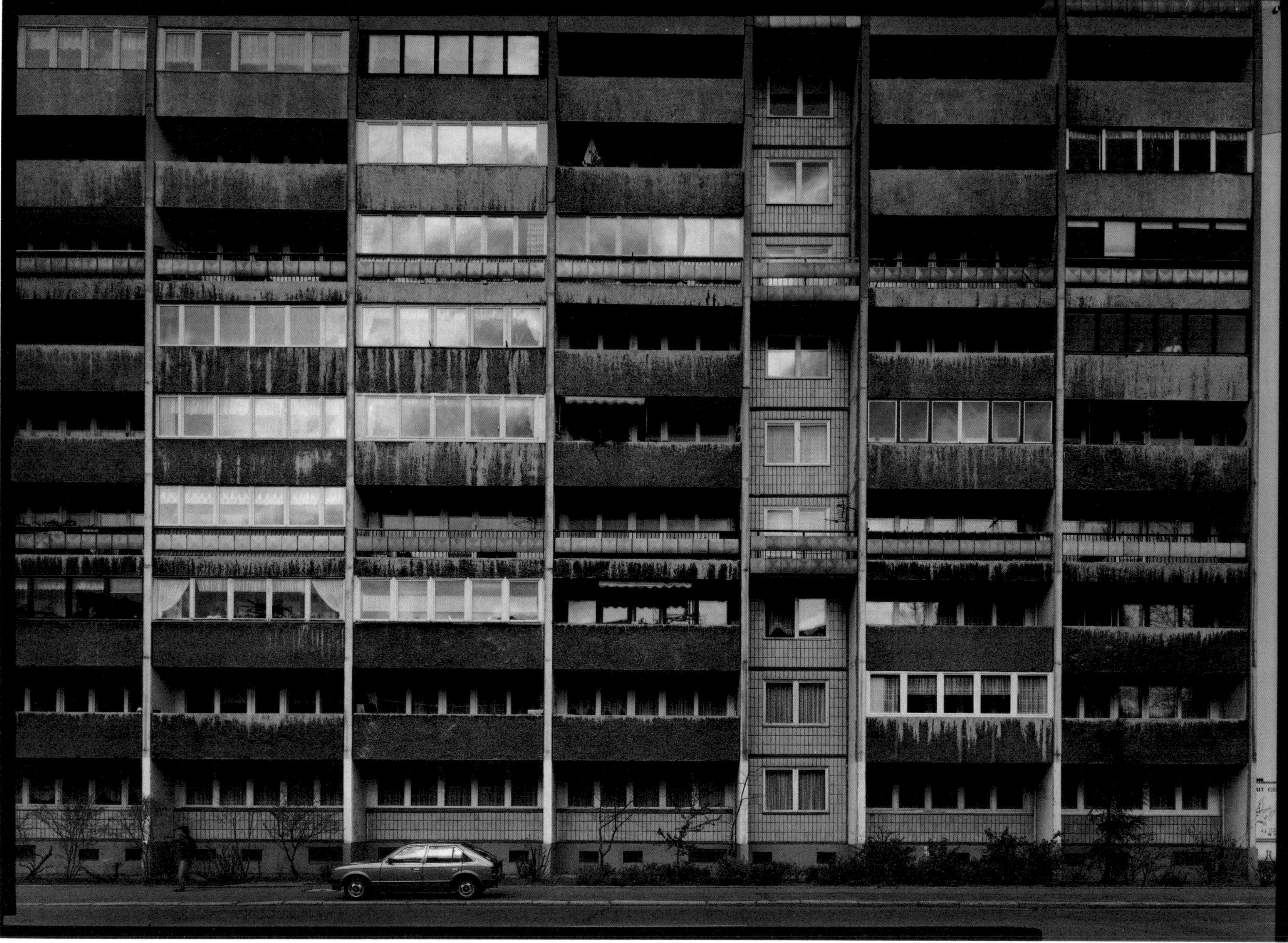

Berlin - Ahrensfelde

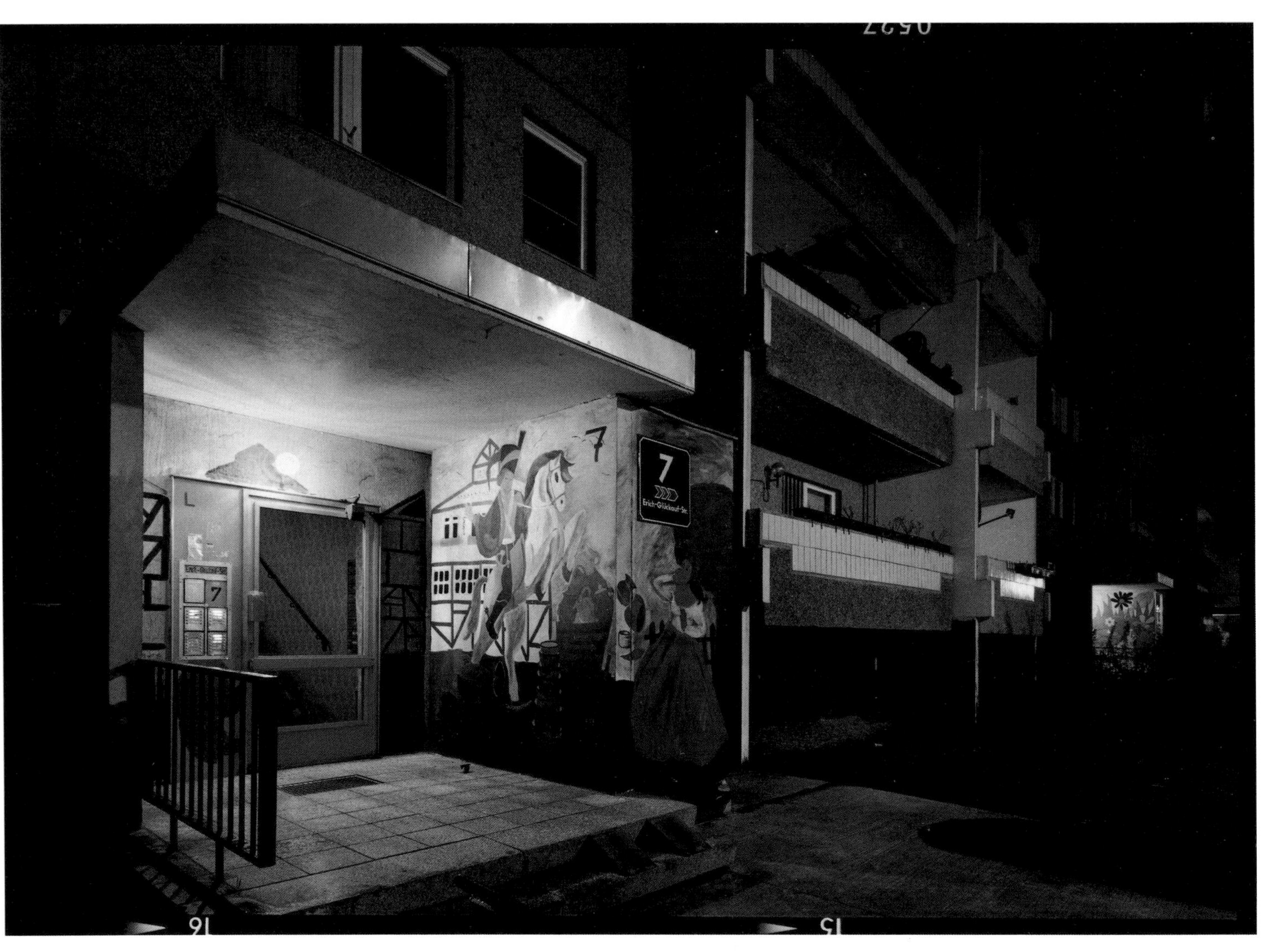

Berlin -
Hohenschönhausen II

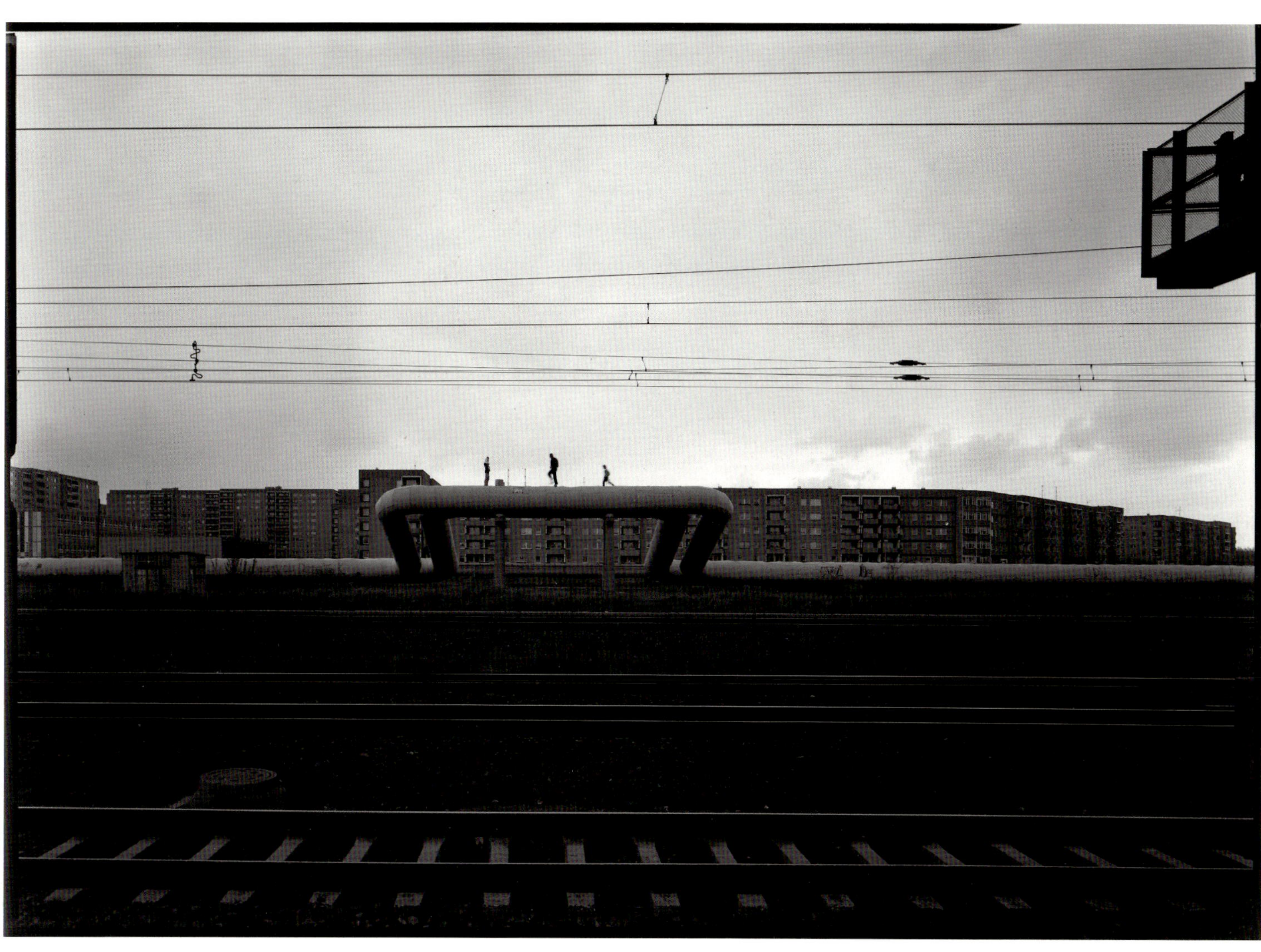

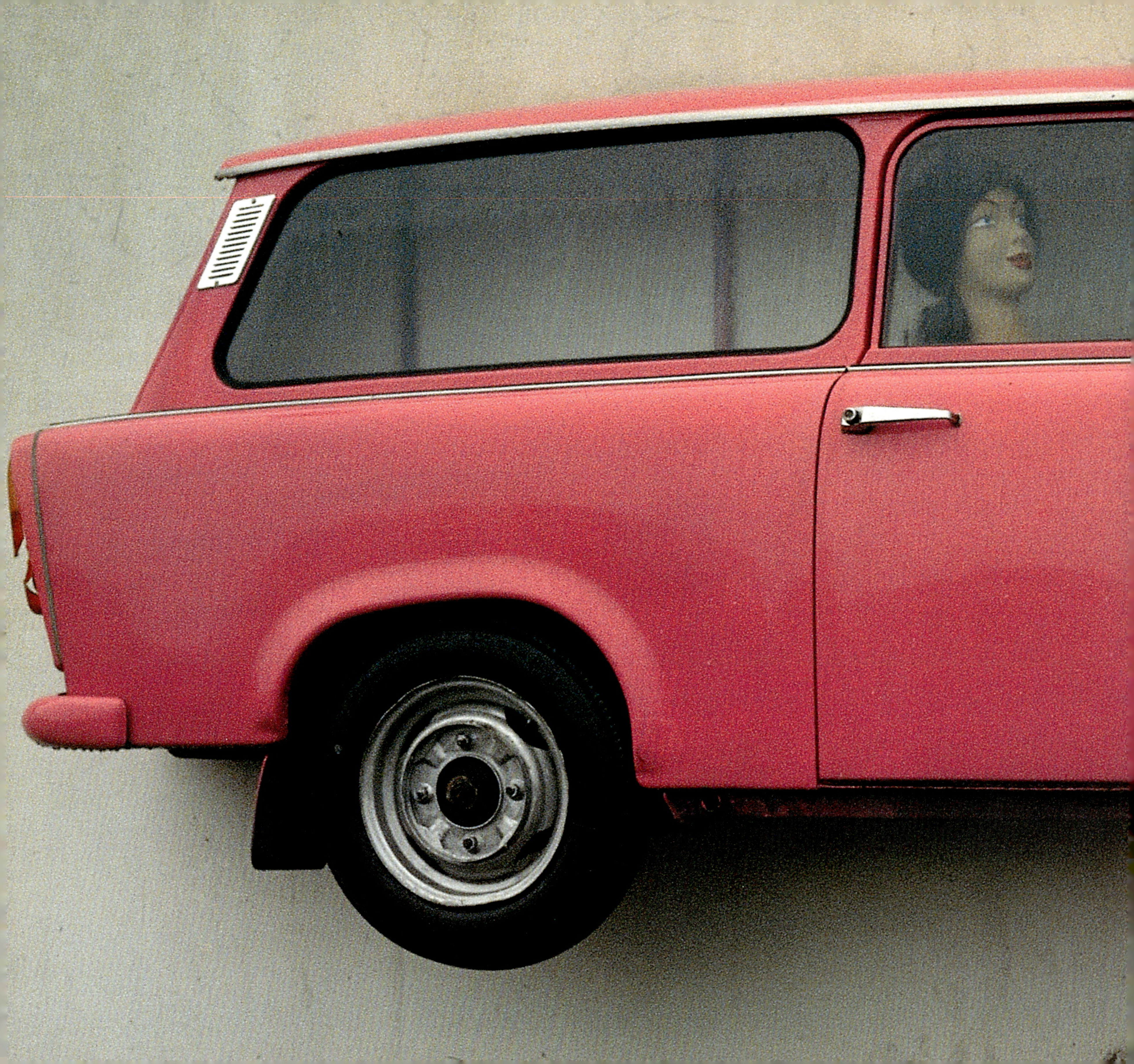

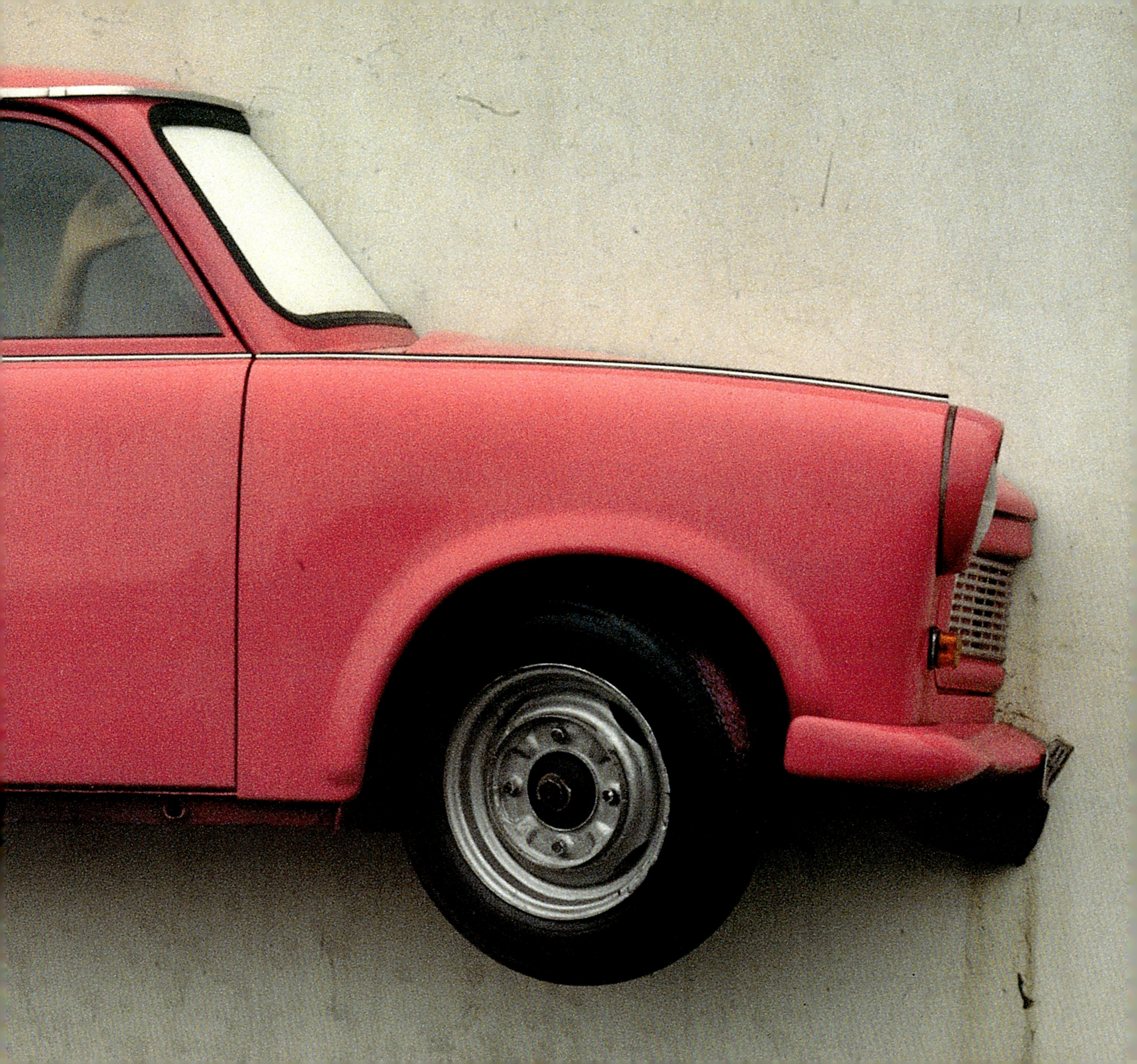

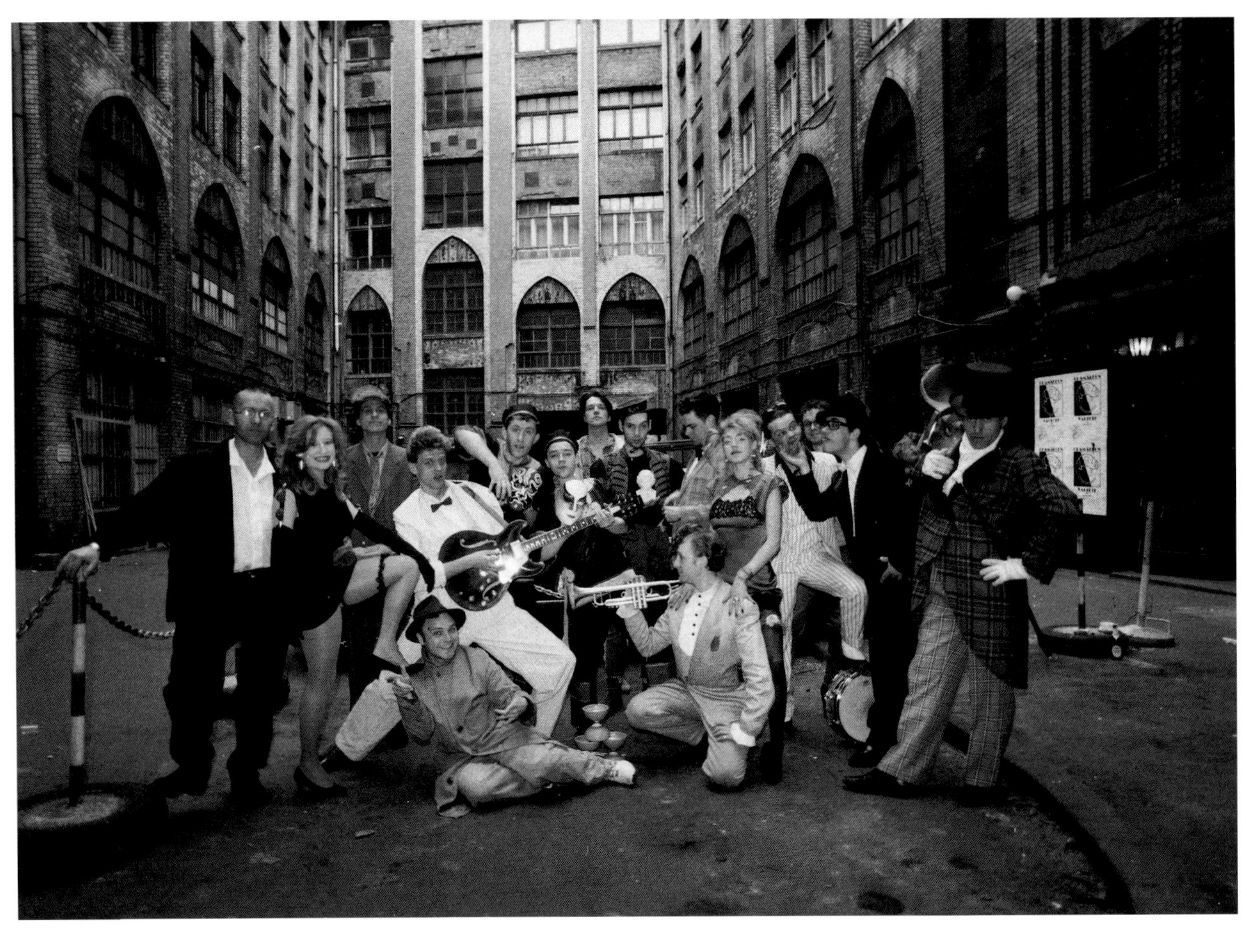

Seite 82/83:
Harald Hauswald

Berlin, Varieté Chamäleon

Fotografiert von
Sibylle Bergemann,
September 1991

Die Bauchtänzerin hat Rührei bestellt. Sie sitzt mit bühnenschwarz umschatteten Augen im Hofcafé beim Varieté, überzuckert von den begehrlichen Blicken der Passanten, die vor der Vorstellung die Gegend ansehen. Einige irren noch draußen herum, sie haben sich als Anhaltspunkt den Bahnhof Marx-Engels-Platz gemerkt, aber der heißt seit eben »Hackescher Markt«. Nun strudeln sie in die falsche Richtung, die Oranienburger Straße entlang. Berlin Mitte. Mitte im Osten. Eingewickelte Hausfassaden mit Schuttrutschen, junges Unternehmertum im Parterre und über dem Leuchtschild die Einschüsse aus dem Krieg.
Ein mickriges Spielcasino blinkt rot. Vor seiner Tür treffen sich kräftige Männer mit einem Kampfhund an der Leine. Sie reden kurz und fahren starke Schlitten auf Position, um ihre Mädchen im Blick zu haben, die in hohen Stiefeln zur Arbeit gehen. Oben aus der Kabine eines holländischen Fleischtransporters verhandelt der Fahrer, tiefgefrorene Schweine im Nacken und die Blondine im Tanga vor Augen. Im Monbijou-Park falten die letzten Sonnenfanatiker, die noch dem Ozonloch trotzen, das Handtuch und wechseln auf die Stühle der Straßencafés. Ehepaare, die den Hund ausführen, winden sich durch Fahrräder, der erste Rosenverkäufer nimmt Anlauf. Kietzleben am Rand des Scheunenviertels in diesen schönen, langen, hellen Nächten. Eine gute Gegend für das Varieté, das mit kleinen Lämpchen über einer Toreinfahrt in die Hackeschen Höfe lockt.
Ein Labyrinth aus Häusern, Durchgängen, Höfen. 10000 Quadratmeter denkmalgeschützte urbane Enklave, bröckelnde Gründerzeit mit glasierter blauer Fassade, noble Reste, Benzinpfützen, alter Schrott und neuer Müll, nachts sollte man laut auftreten, damit die Ratten wieder unter die Container kriechen.
Neue Besucher tappen unsicher die ausgetretenen Stufen hoch und bleiben mit dem Absatz im Rost stecken. Schöne Mädchen verkaufen Krimskrams aus dem Bauchladen. Das Publikum deckt sich ein mit Tischfeuerwerk, mit Würmern, die quietschen, mit Zigaretten, aus denen man Wasser spritzen kann, es sieht erwartungsvoll auf den bunten Vorhang, hinter dem in diesem Augenblick der amerikanische Komiker zur Lockerung den Kopf kreisen läßt. Dann pusten alle die Kerzen auf den Tischen aus. Dunkle Erwartung...

Im Februar gab es zum ersten Geburtstag eine große Benefizveranstaltung. Die Artisten verzichteten auf die Gage, die Besucher spendeten Geld für Waschräume und Toiletten hinter der Bühne.Von nun an kann geduscht werden.
Die Eigentumsfrage ist noch offen. Ein Amerikaner hat Ansprüche angemeldet, dem außer diesem noch 109 Grundstücke in der Innenstadt gehören.

(Aus: Regine Sylvester, »Schwarz und nackt im Nichts verschwinden«)

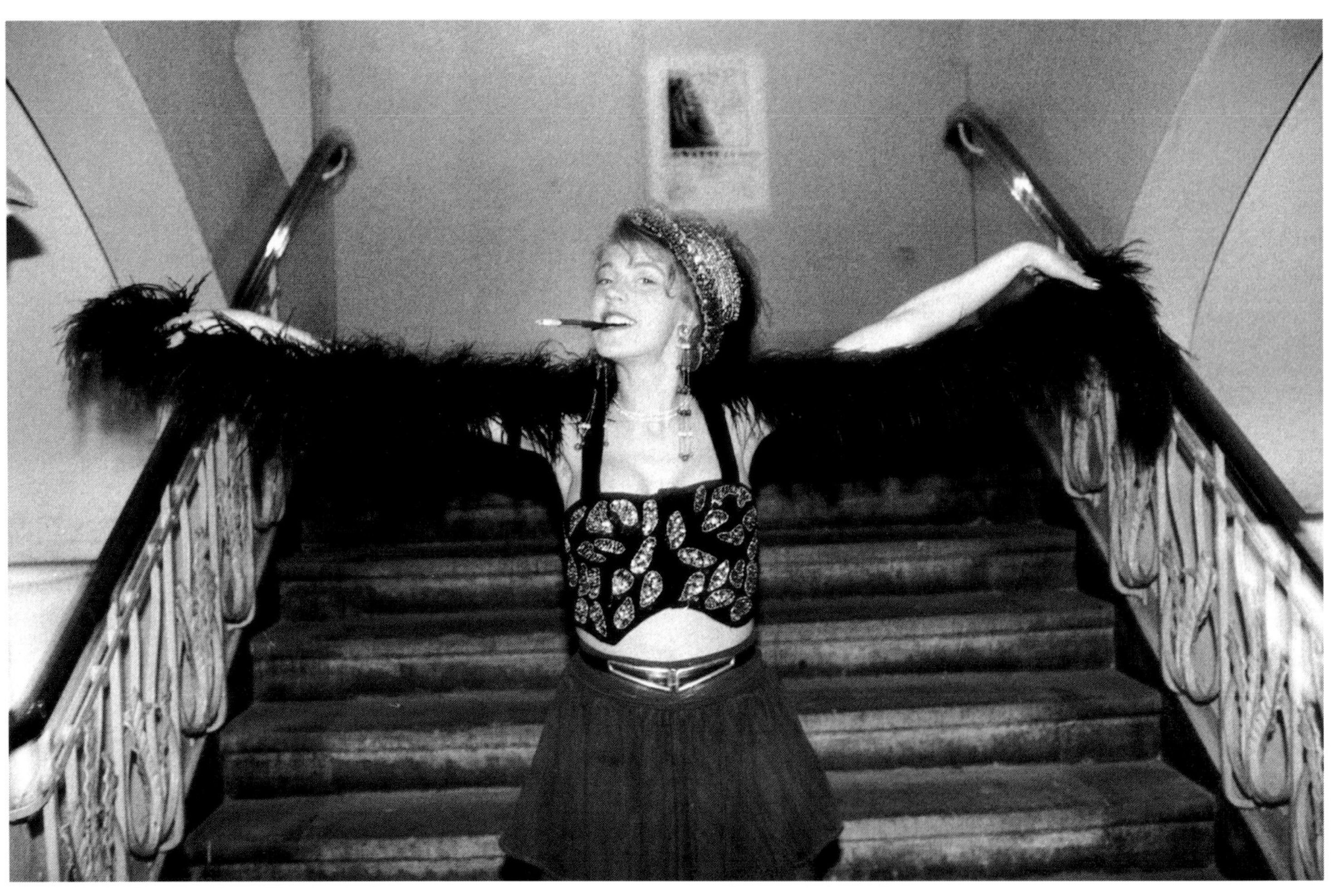

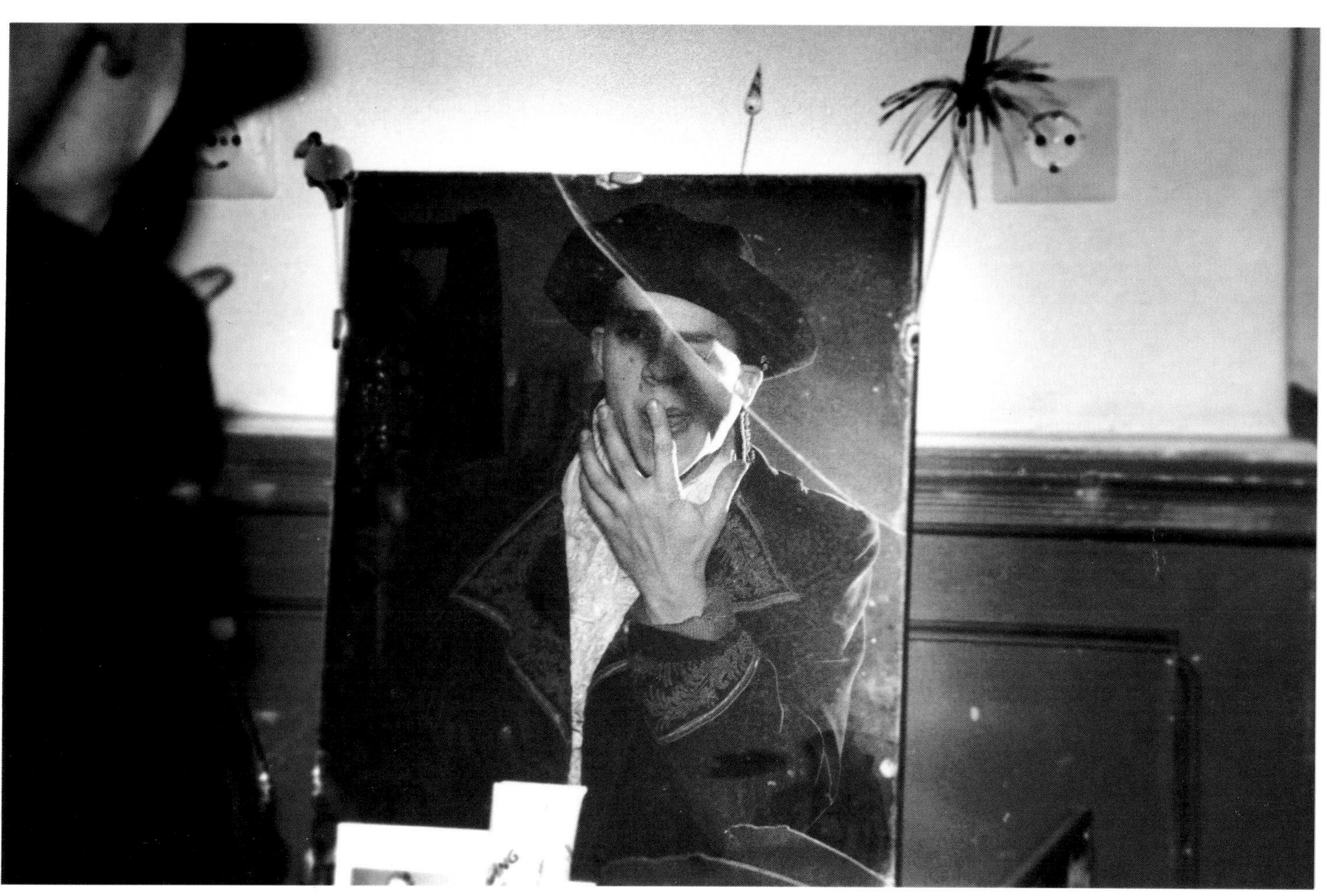

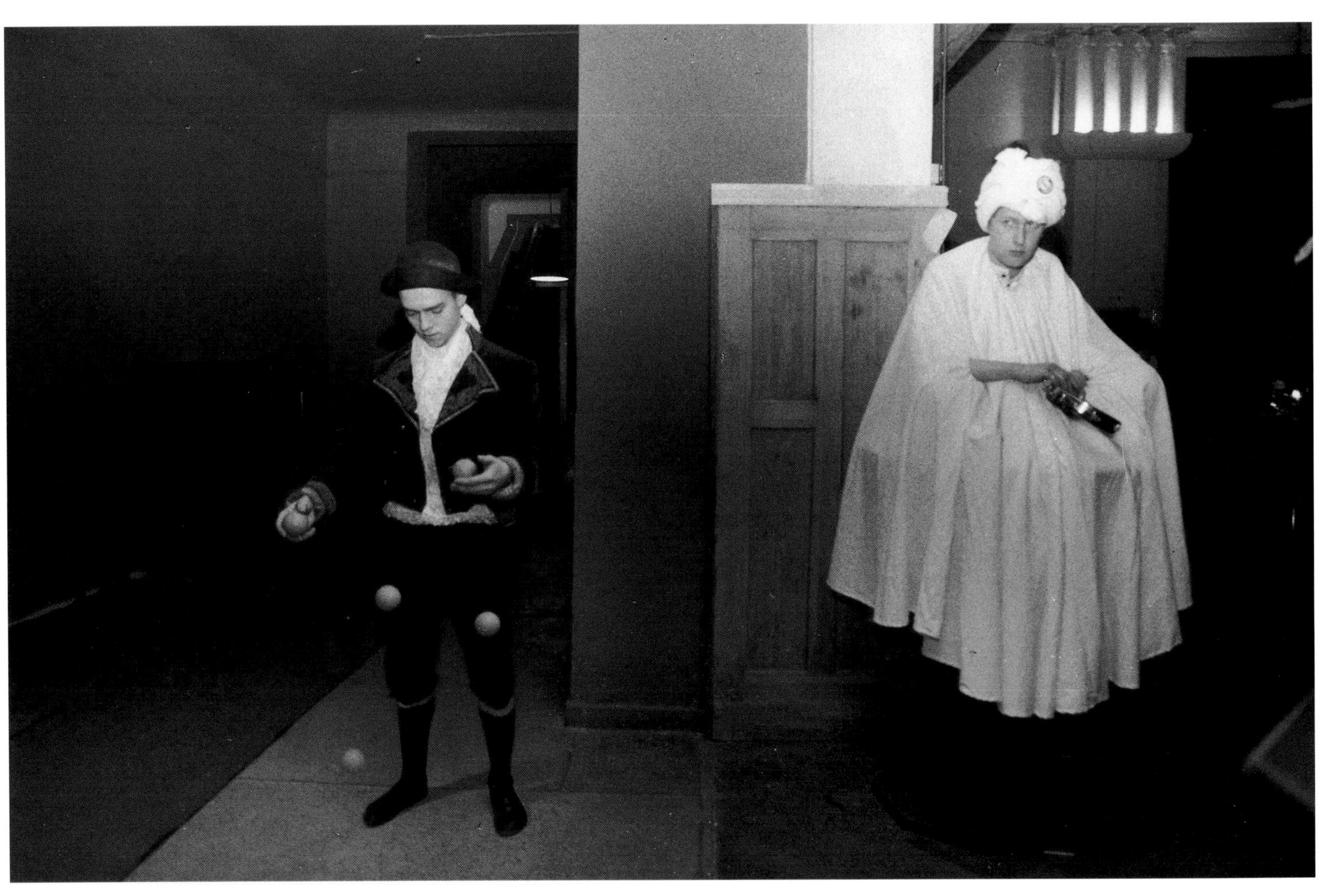

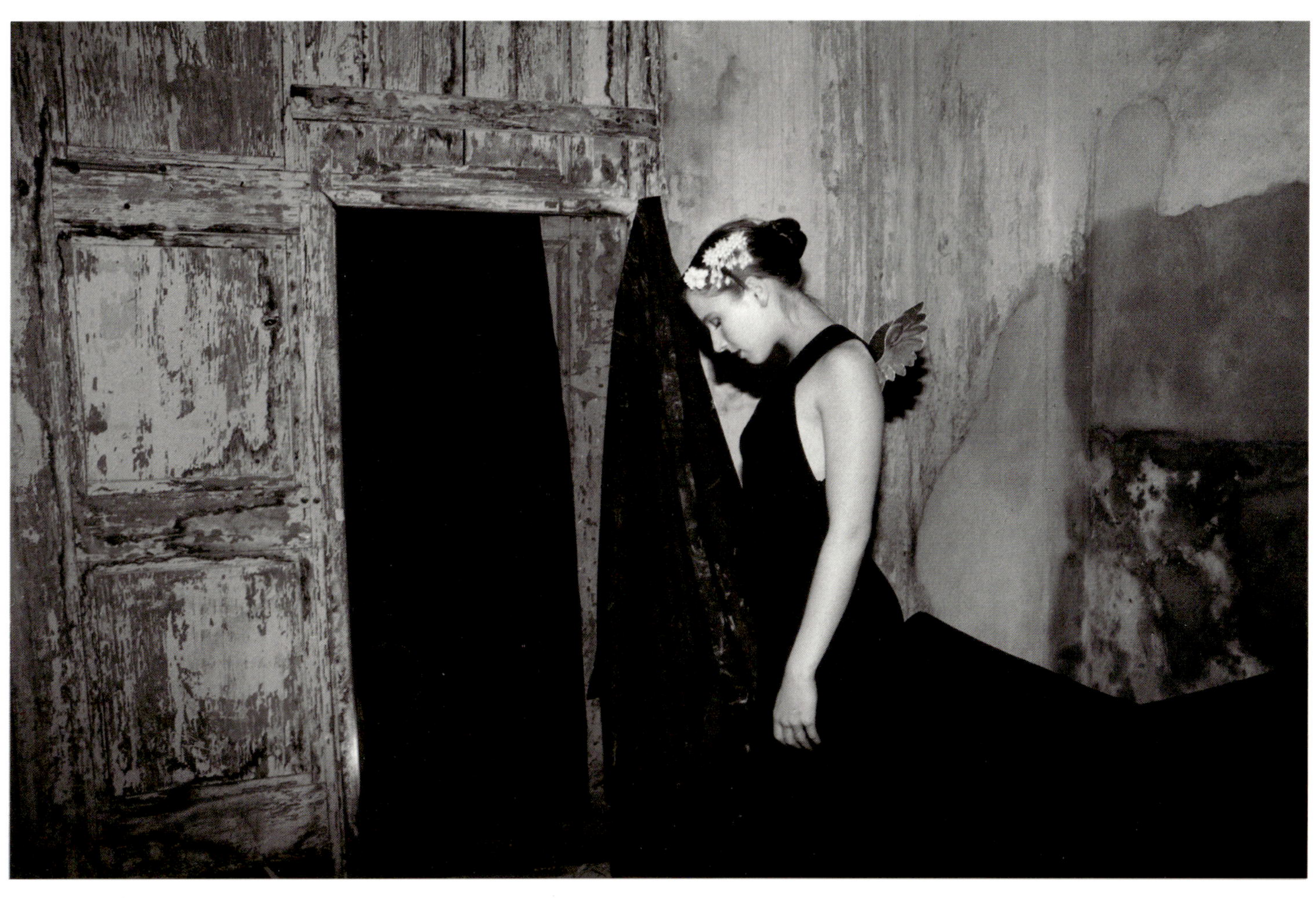

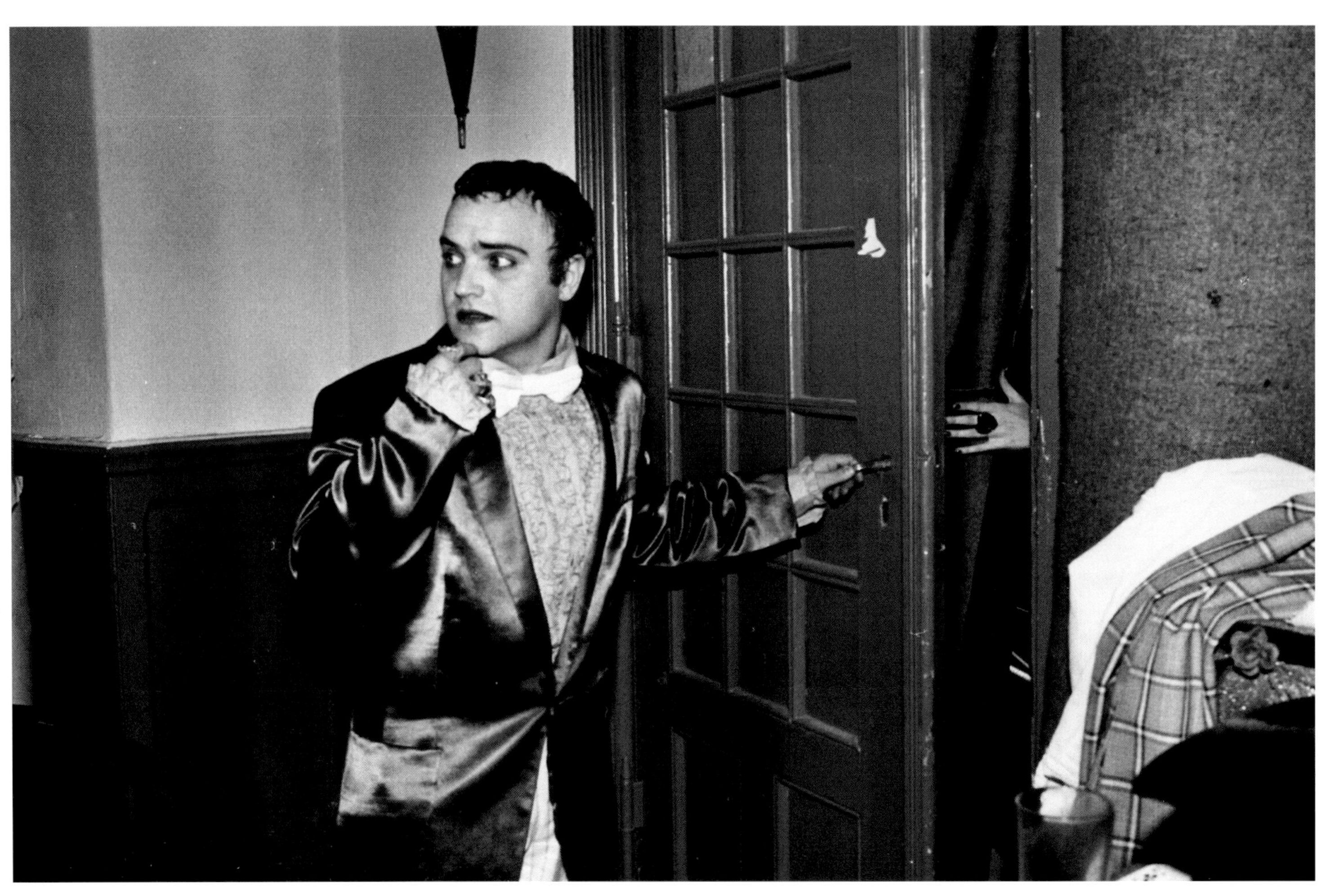

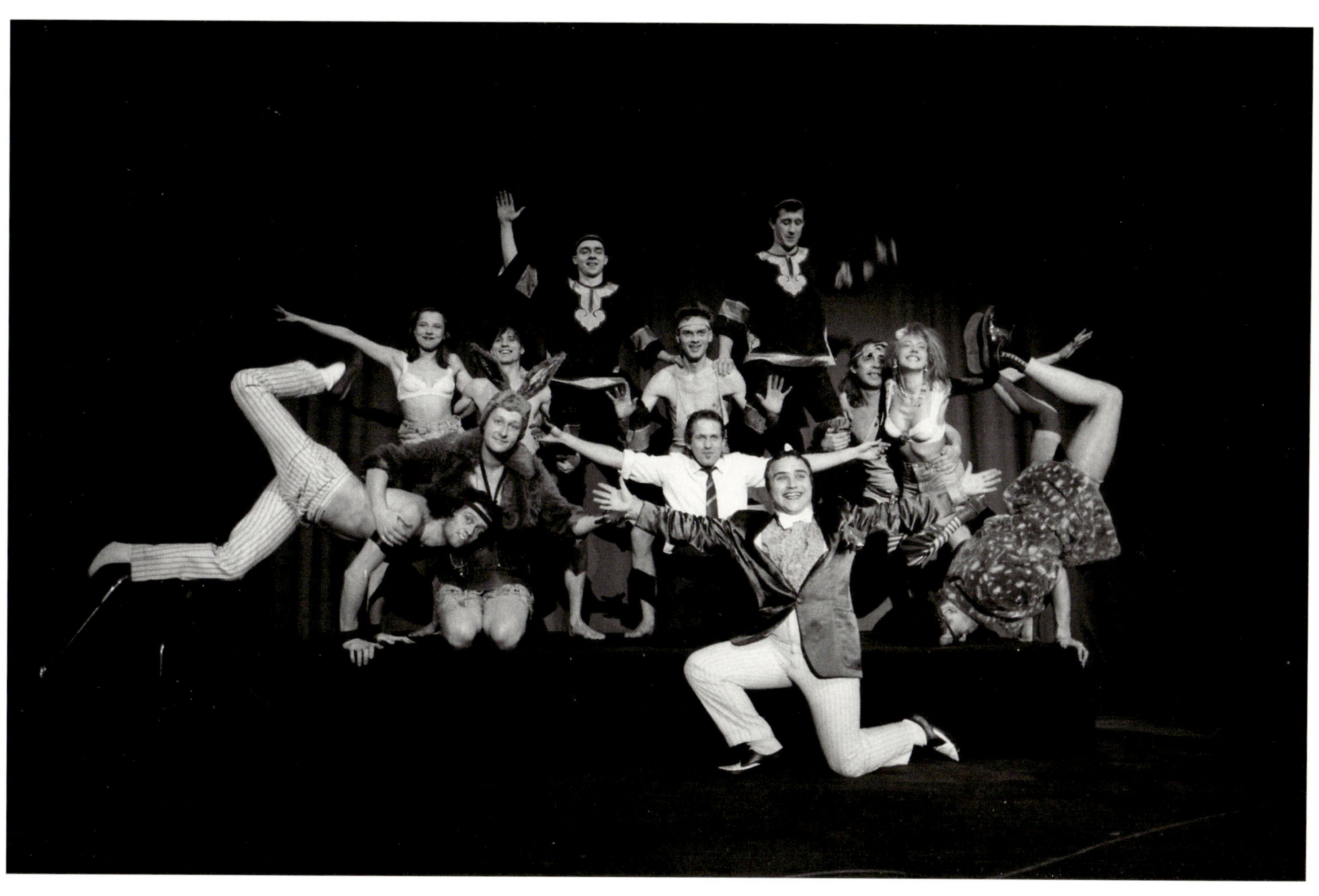

Tod in Suckow

Fotografiert von
Werner Mahler,
März 1992

Als sie endlich kommen und die Tür aufbrechen, finden sie nichts, keine Spritze, keinen Löffel, kein Heroin. Nur der Junge ist da. Er sitzt im Sessel, ganz entspannt, als würde er ausruhen. Seine Haut schimmert fahl, als sei sie in blasses Licht getaucht. Boris ist tot.
Als sein Freund Olaf eintrifft, mit ein paar Promille zu viel im Blut, gibt es Krach mit der Kripo. Sie lassen ihn nicht in seine Bude. Olaf begreift nicht, randaliert. Sie legen ihm Handschellen an. Am nächsten Tag haben die Zeitungen ihre Sensation: der erste Drogentote in den neuen Bundesländern.
Er starb am 6. Juli 1991.

Nach der Wende, als noch Arbeit war in der Genossenschaft, sei sie mit frischem Mut aufs Feld gegangen, sagt die alte Frau Warnke. »Jetzt ist es wie Trauer im Dorf«, klagt sie. Den Chor gibts nicht mehr, die Freilichtbühne verkommt, und das Schwimmbad haben sie zugemacht. Und, was das Schlimmste ist, schon die Jungen sind ohne Arbeit.
Nicht weit vom Dorf ein befestigter Weg in den Wald. Bis an den Fuß eines großen Hügels, Dachsberg heißt er. Ein löchriger Berg, geschunden, entwurzelt. Seine Höhlen sind groß wie ein Haus und tief wie ein Schacht. Unzählige davon. Sie sind ausbetoniert, schwarz und bedrohlich. Raketen sollten hinein, sowjetische SS 20. Die zwanzig Hektar totes Land waren tückisch gesichert von einer Starkstromwand. »Vielleicht ziehen jetzt die Amis da ein«, meint Olaf und spuckt aus. Nein, nichts Martialisches mehr, der Berg steht zum Verkauf. Vielleicht eine Restaurantkette mit unterirdischer Bewirtung? Oder ein Höhlenbordell?
Auch Herr Honecker kam manchmal in diese Gegend, ein Stück weiter nördlich. Gesehen hat ihn niemand. In seinen Wald und an seinen See, wo schon das Bootshaus größer war als die Bürgermeisterei in Suckow, durfte ja niemand. Aber daß er gern geschossen hat, der Herr Honecker, und daß bei ihm über die Maßen viel Wild zu Tode kam, wußte jeder hier...

(Aus: Holde Barbara Ullrich, »Tod in Suckow«)

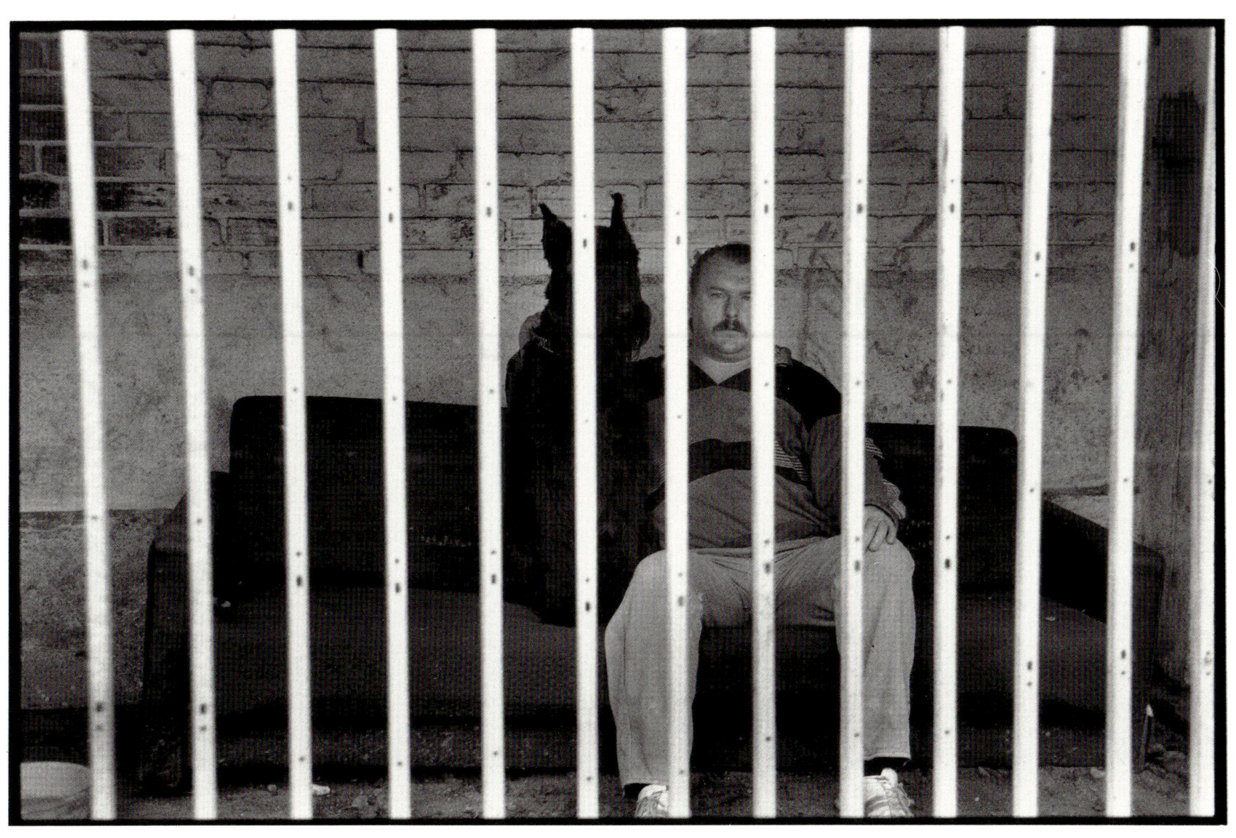

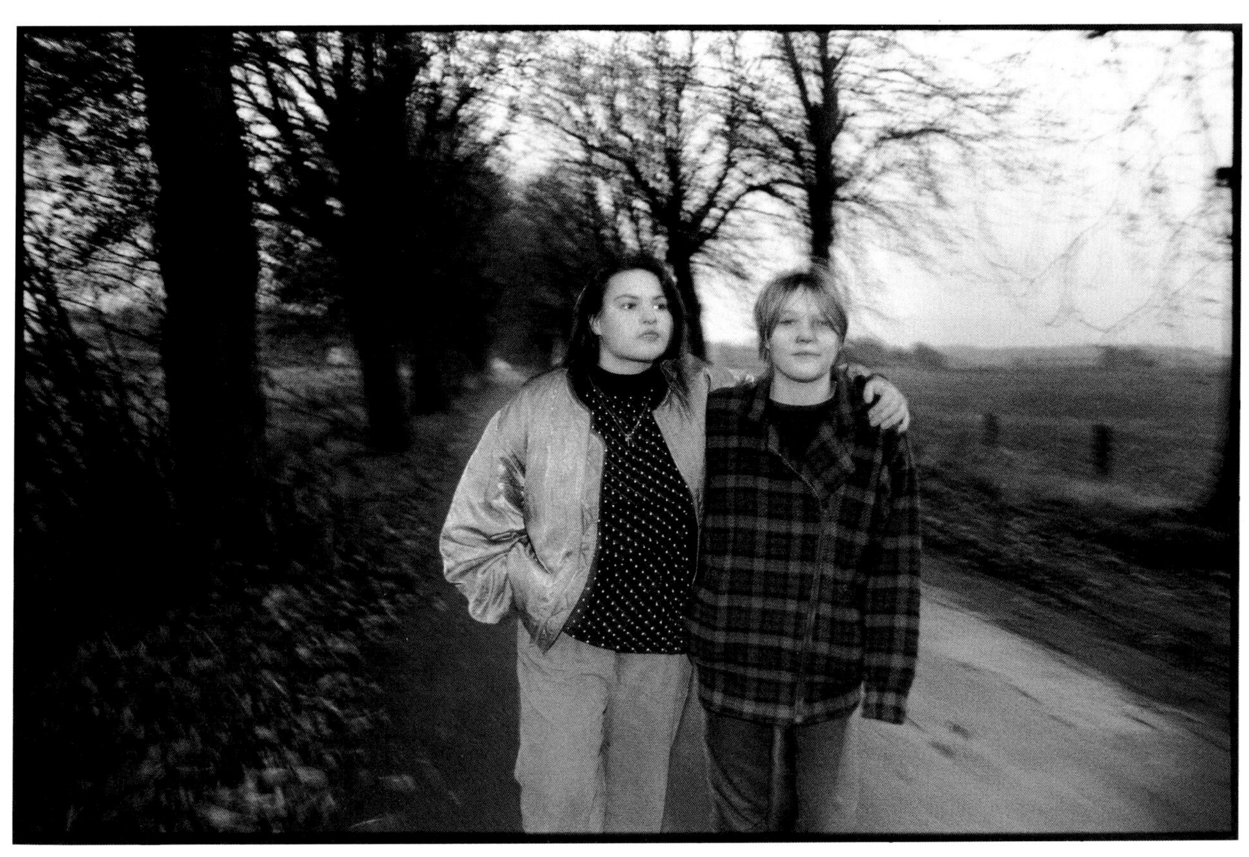

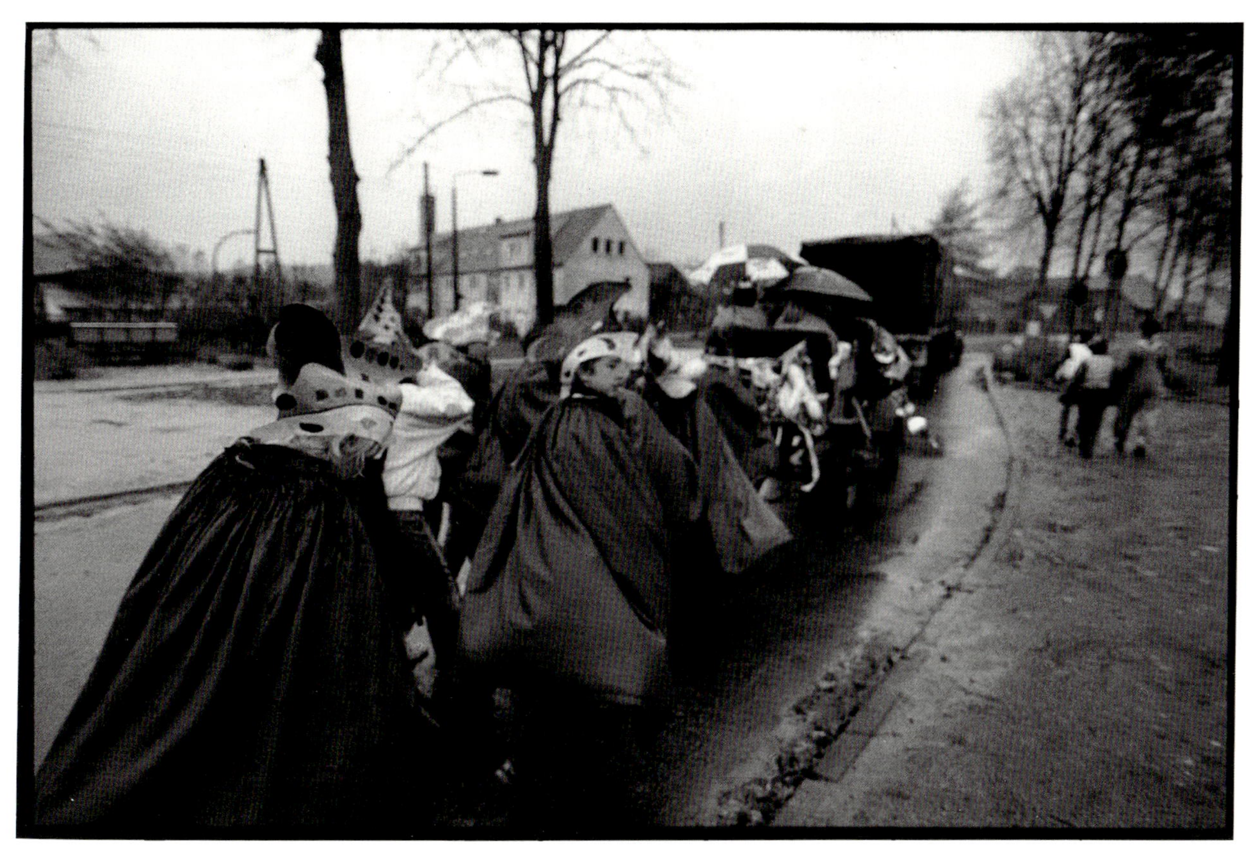

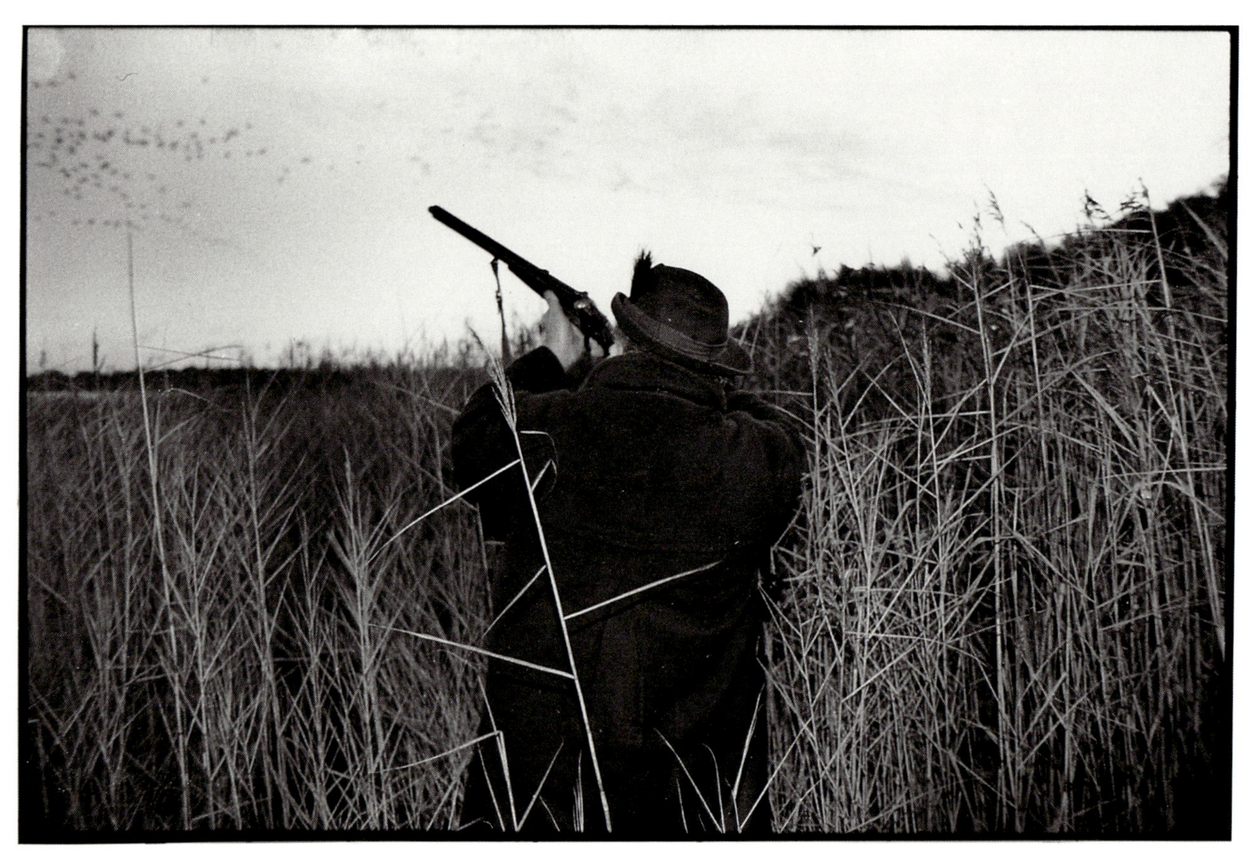

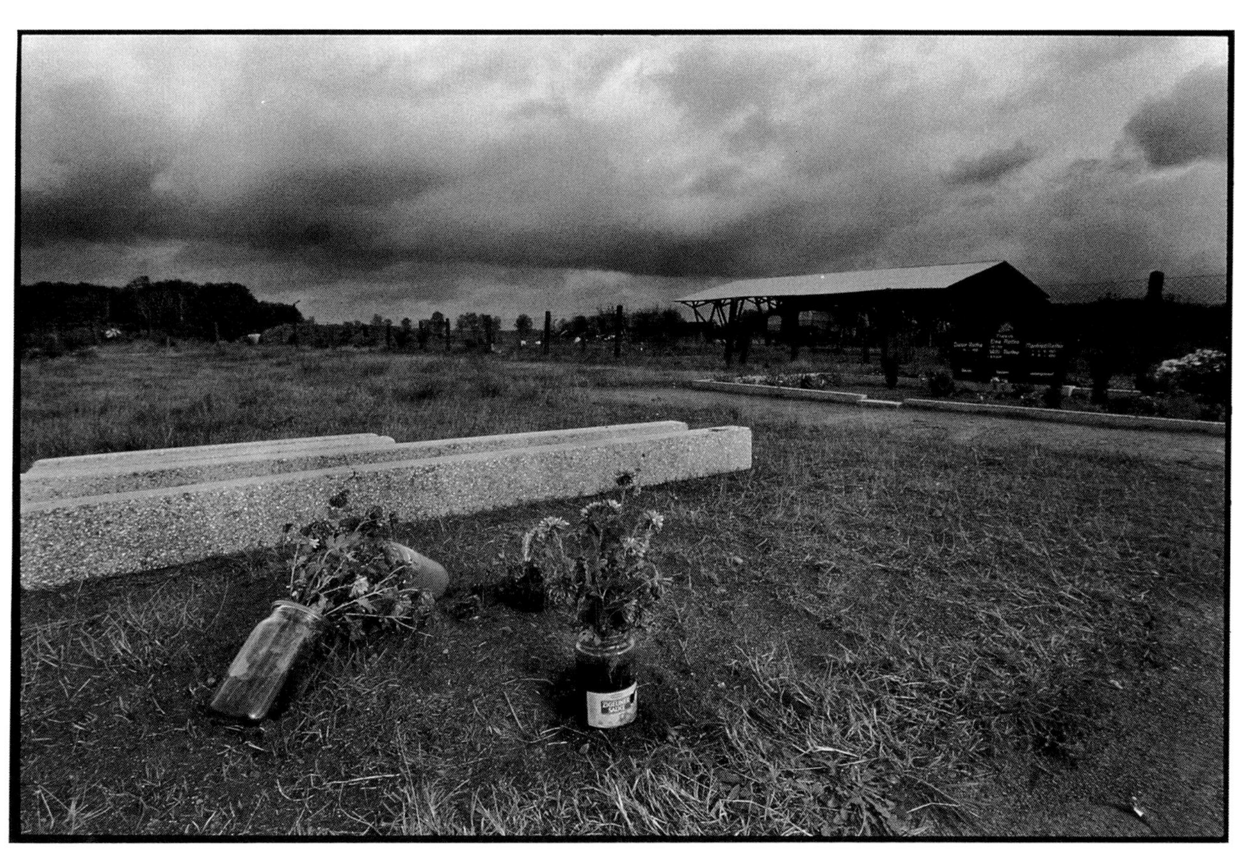

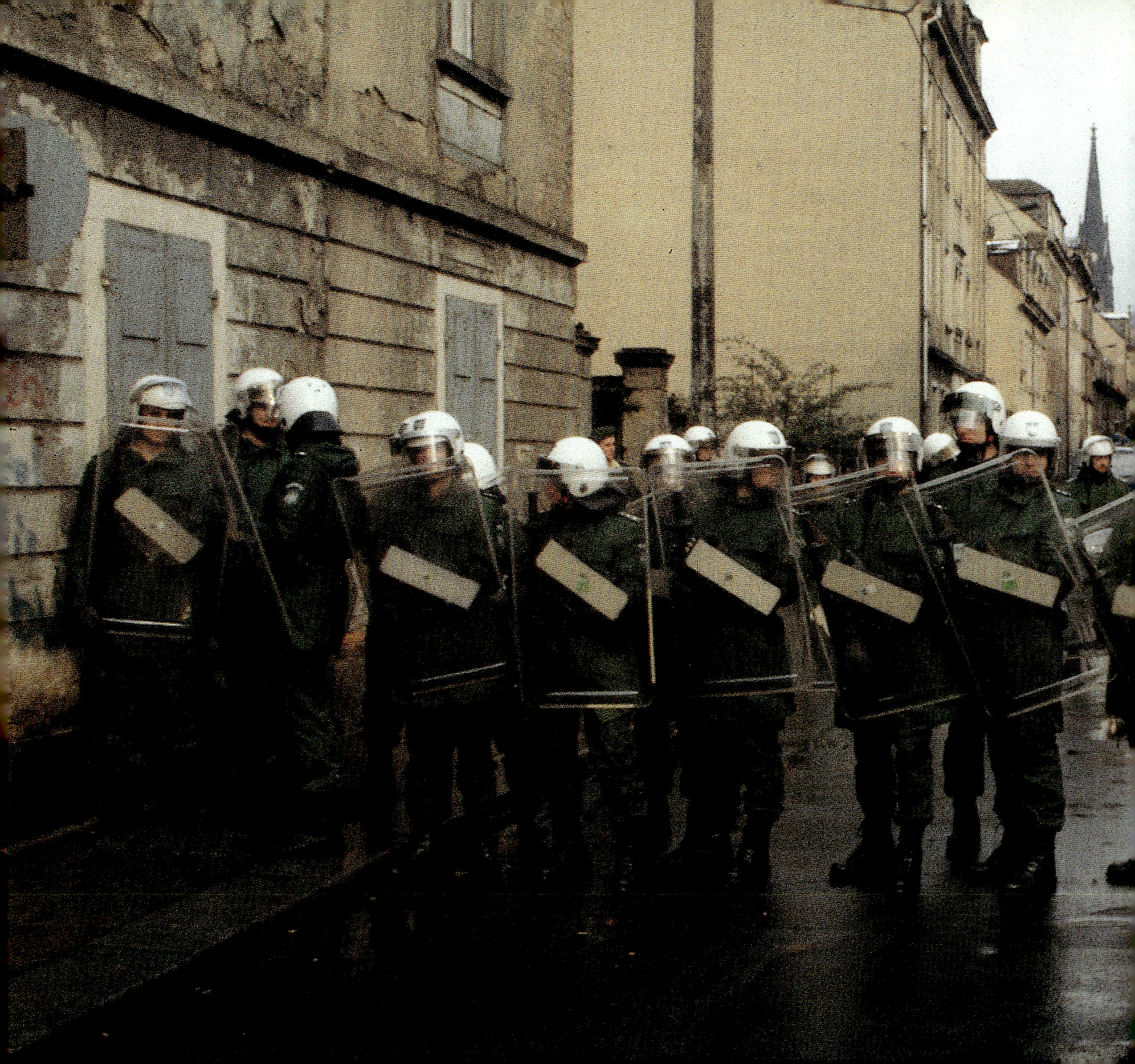

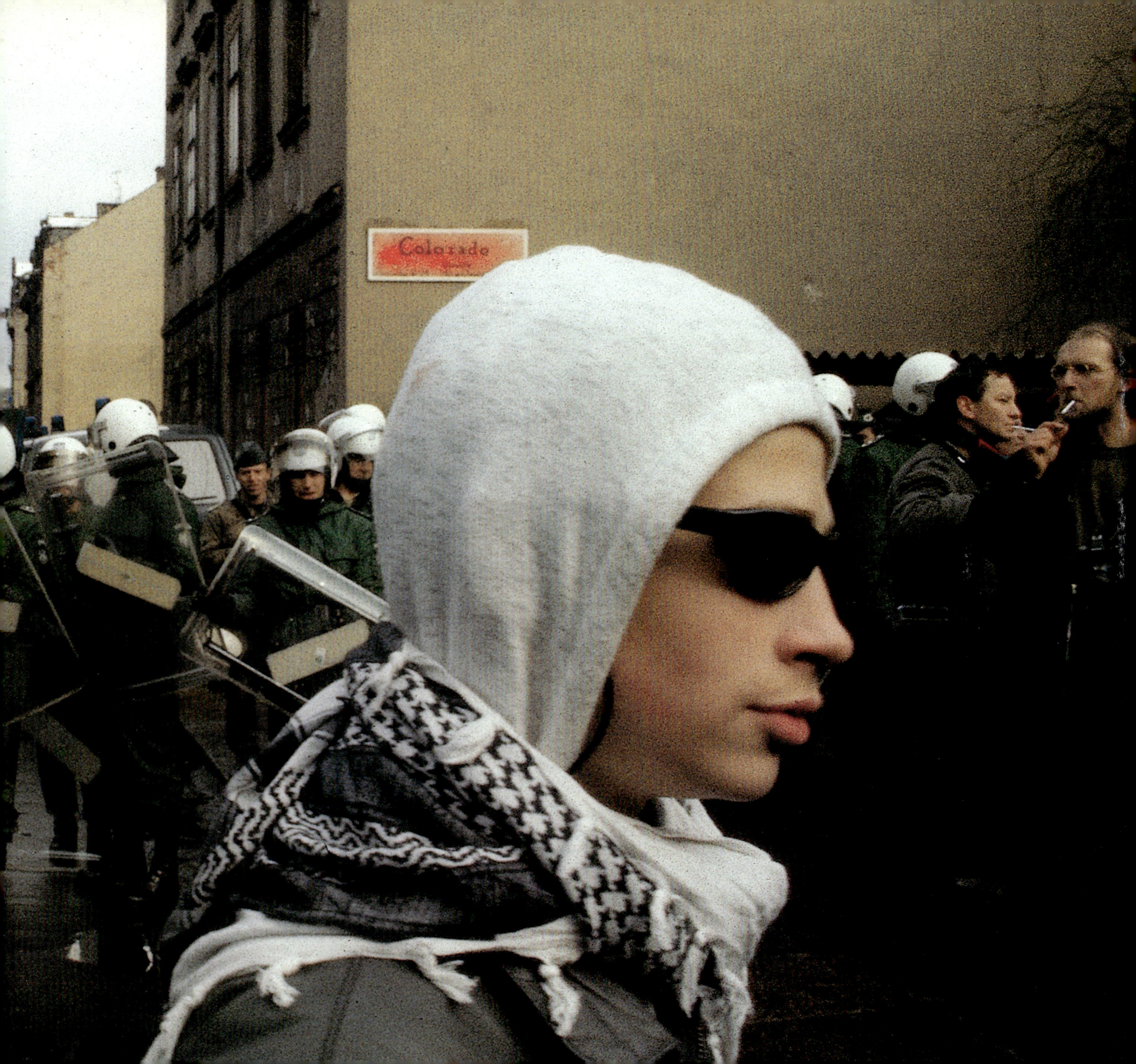
Colorado

Verliererinnen der Einheit

Fotografiert von Sibylle Bergemann, Oktober 1992

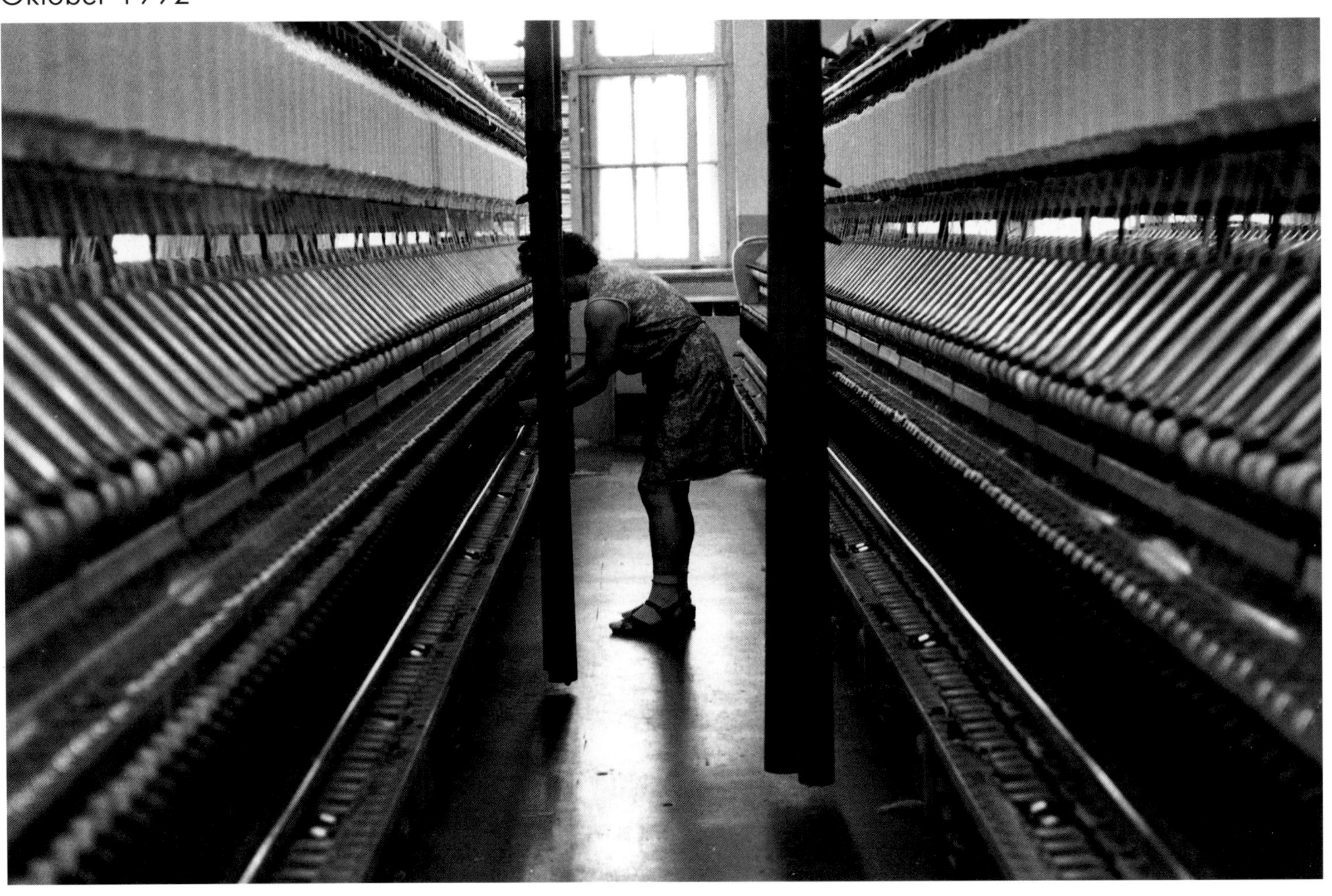

Seite 98/99: Harf Zimmermann

In der DDR hatten sie alle einen Job und fühlten sich anerkannt. Heute sind zwei Drittel der Arbeitslosen in Ostdeutschland Frauen – und ohne Perspektive. In Ostdeutschland geht gerade die Textilindustrie ein.
Die da gearbeitet haben, waren zu 75 Prozent Frauen.
Im sächsischen Flöha mit ehemals fünf Spinnereien und 4000 Arbeitskräften blieb nur ein sogenanntes »Werk« mit 150 Beschäftigten übrig.
»Wir denken nur noch in Quartalen«, sagt der Chef des Betriebes, Willi Mörtel.Von Frauen als Verliererinnen mag er aber nichts hören.

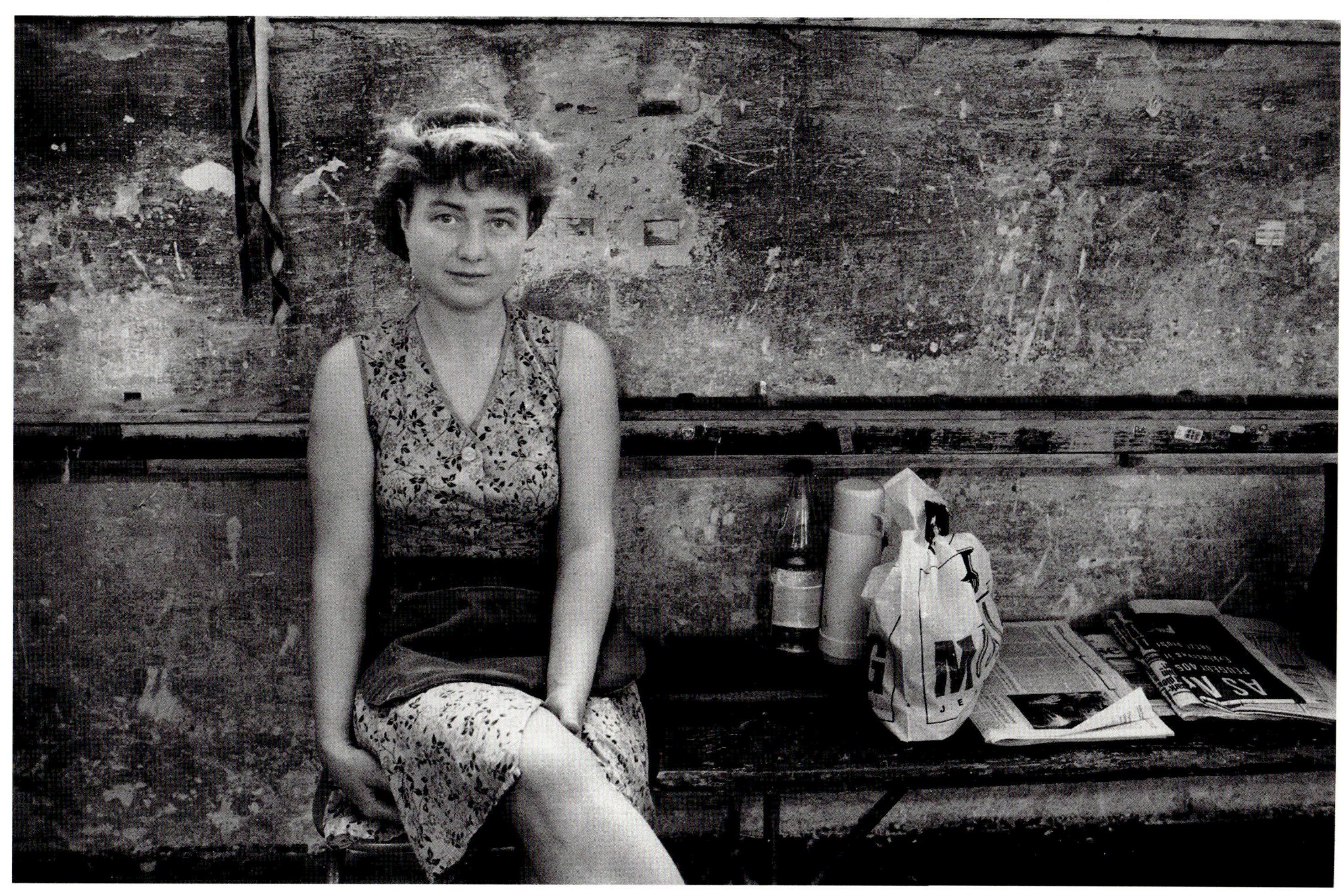

»Hier bei uns leben die Frauen nicht im Elend. Fragen Sie die Frauen, die zur Umschulung geschickt wurden.« Eine von ihnen ist Frau Poddig, 53. »Meine Situation ist zum Kotzen«, sagt sie.»In der Baumwollspinnerei sitzen die roten Socken, und wir Arbeiter mußten gehen. Die Politiker haben uns ins Wasser geschmissen: Schwimm oder geh unter! Im Westen lebt man, im Osten wird man gelebt.«...

(Aus: Christine Claussen/ Karola Menger/ Heide-Ulrike Wendt, »Die Verliererinnen der Einheit«)

Exkurs: Wessiland

Fotografiert von
Ute Mahler,
Juni 1991

Drei Wochenenden im Westen, aufs Geratewohl irgendwo.
Das Wetter paßt nicht ins Klischee. Bayrischer Wald, aber kein Sonnenball.
Kühler Wind in den Coburger Gassen, was Wunder, wenn kein Mensch draußen ist.
Ähnlich wird es jetzt in Jena oder Eisfeld aussehen, jenseits der nahen Grenze. Dabei ist Juni, Juni im glücklichen Wessiland, und es ist Samstag.

Beauty Farm hört sich ein bißchen nach genormter Tierhaltung an, Legehennen dicht an dicht, artfremd ernährt, und bei Strafe der Schnellschlachtung jeden Tag ein Ei. Aber dem ist nicht so. Das hier ist das Feinste vom Feinen - Schönheitsfarm am Tegernsee. Als ich nach zweistündiger Behandlung - gereinigt, drainiert, gepeelt, massiert, manikürt, modelliert - vor den Spiegel trete, erkenne ich mich nicht wieder. Ich sehe aus wie aus Pappe. Die Visagistin, eine Kreation aus hauchdünnem Porzellan, schlägt vor Entzücken die Hände zusammen. »Das ist ja ssuuuupah!«
Aber das ist längst nicht alles. Man kann auch schwimmen. Nicht in einem profanen Becken, oh nein. Man begibt sich in die Bade-Erlebnis-Landschaft mit kunstblütengesäumten Grottengängen. Man spielt auch nicht einfach Tennis oder Golf, man genießt die synthetischen Vorzüge von Driving Range oder Putting Green, Anweisungen über Monitor.
Und man muß sich auch nicht mit einfacher Gymnastik herumschlagen, man betreibt Body-Styling an modernsten automatischen Selbsttrainern, per Knöpfchendruck. »Warten Sie ab«, droht der Juniorchef, »wenn die Währungsunion erst richtig greift, werden auch Ihre Damen jederzeit in den Genuß kommen« ...

(Aus: Holde Barbara Ullrich, »Freizeit in Wessiland«, unveröffentlicht)

Schönheitsfarm
Bachmair, Tegernsee

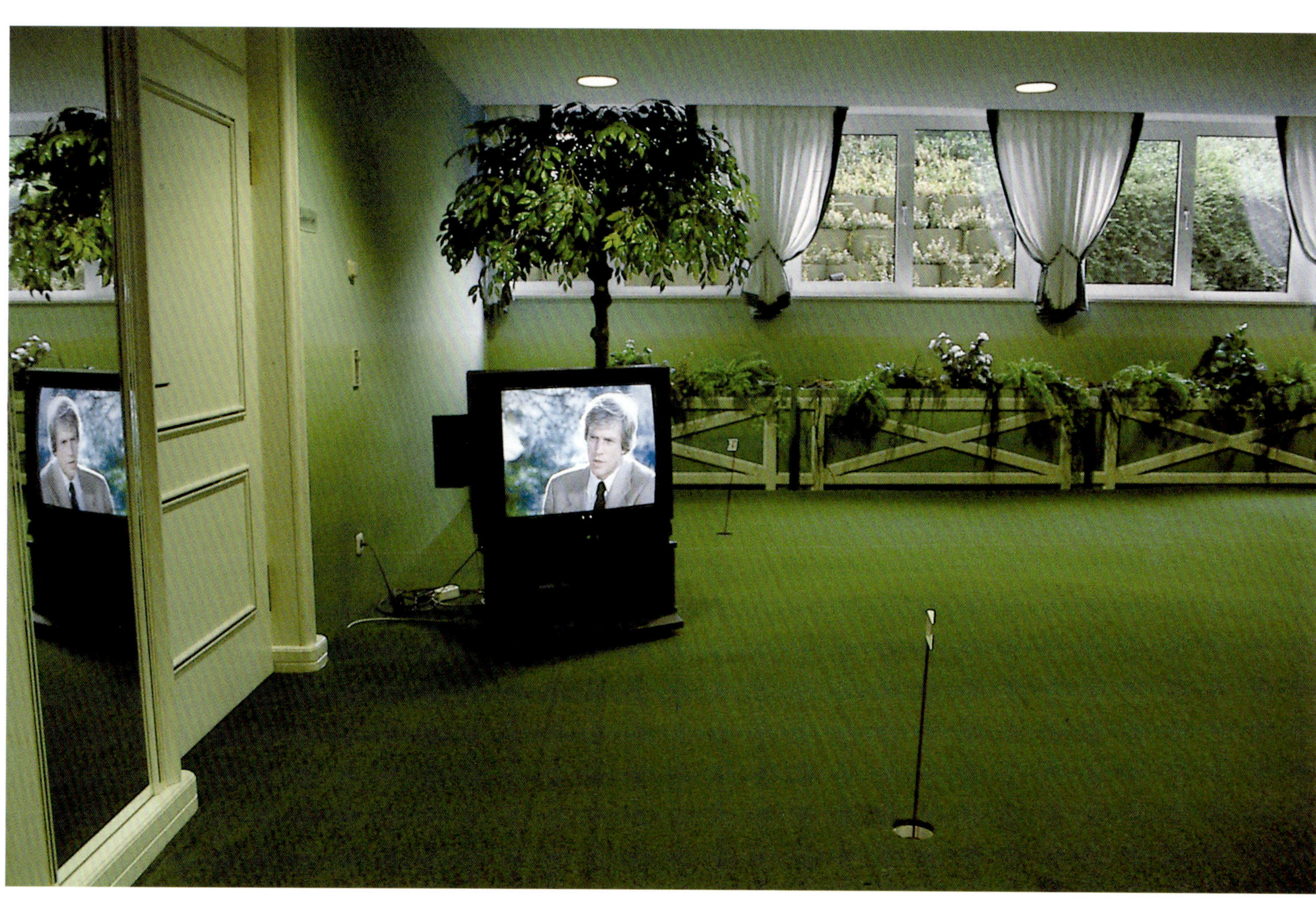

Türkisches Restaurant,
München

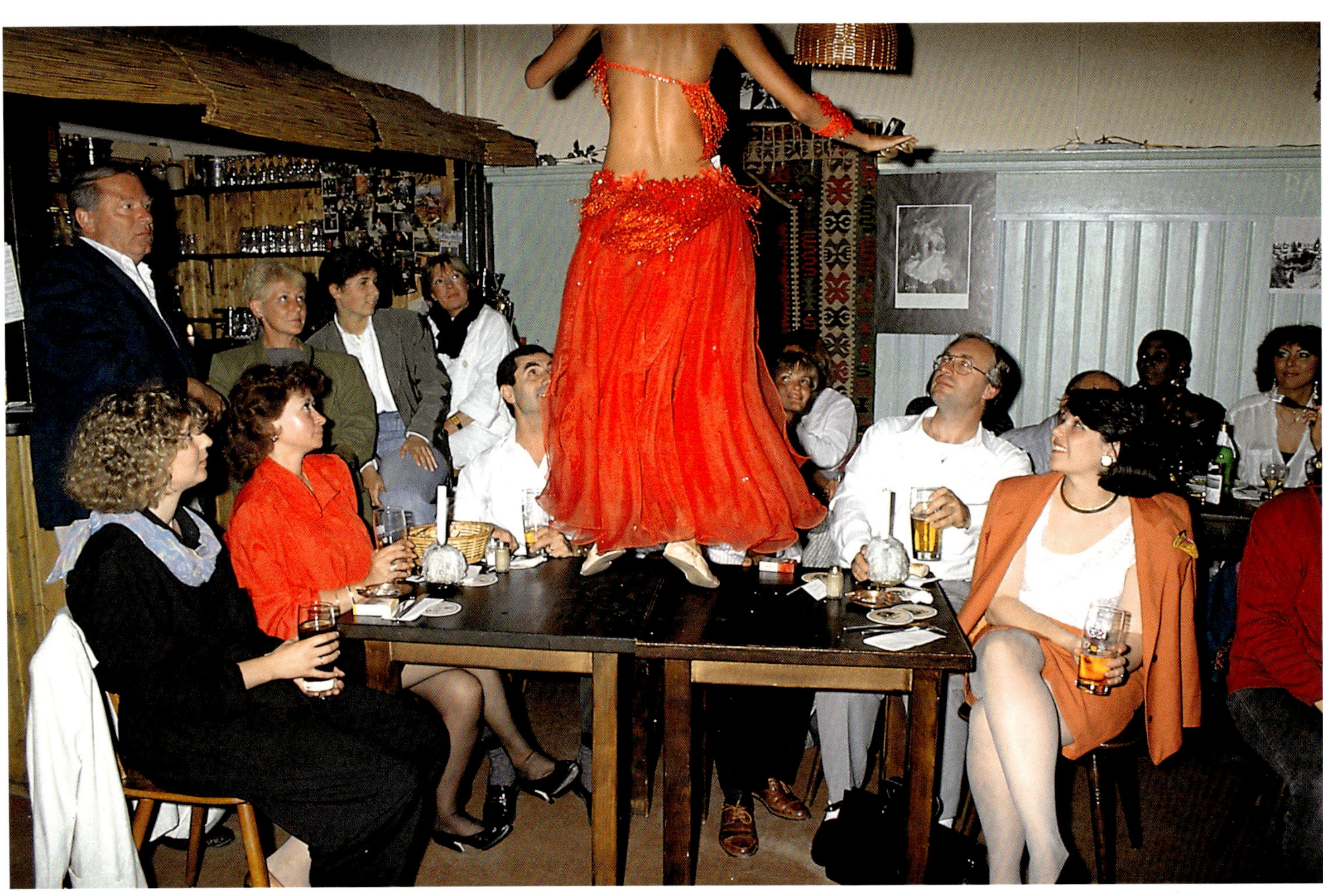

Hausmusik bei Familie Röttgen, Köln

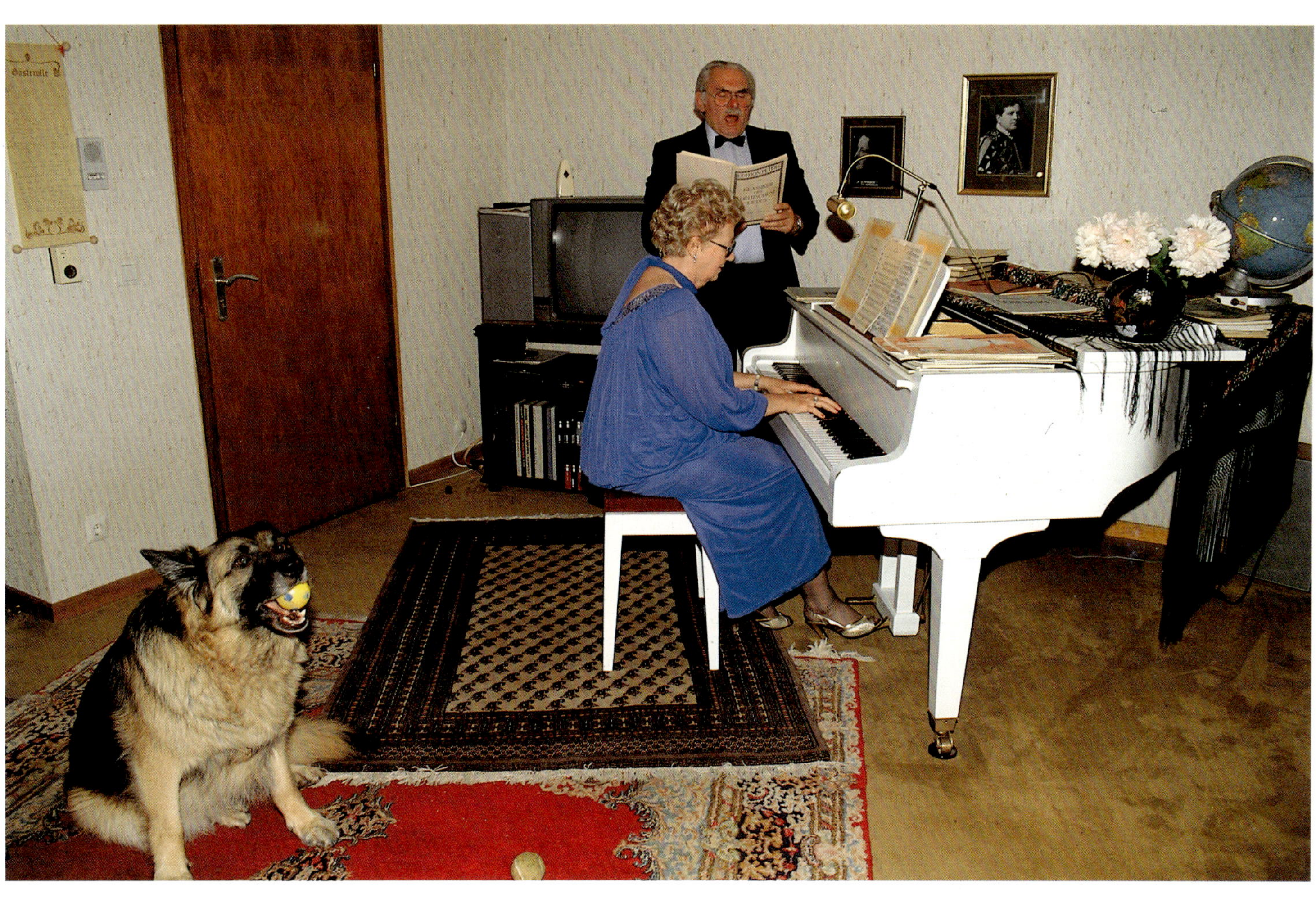

Englischer Garten,
München

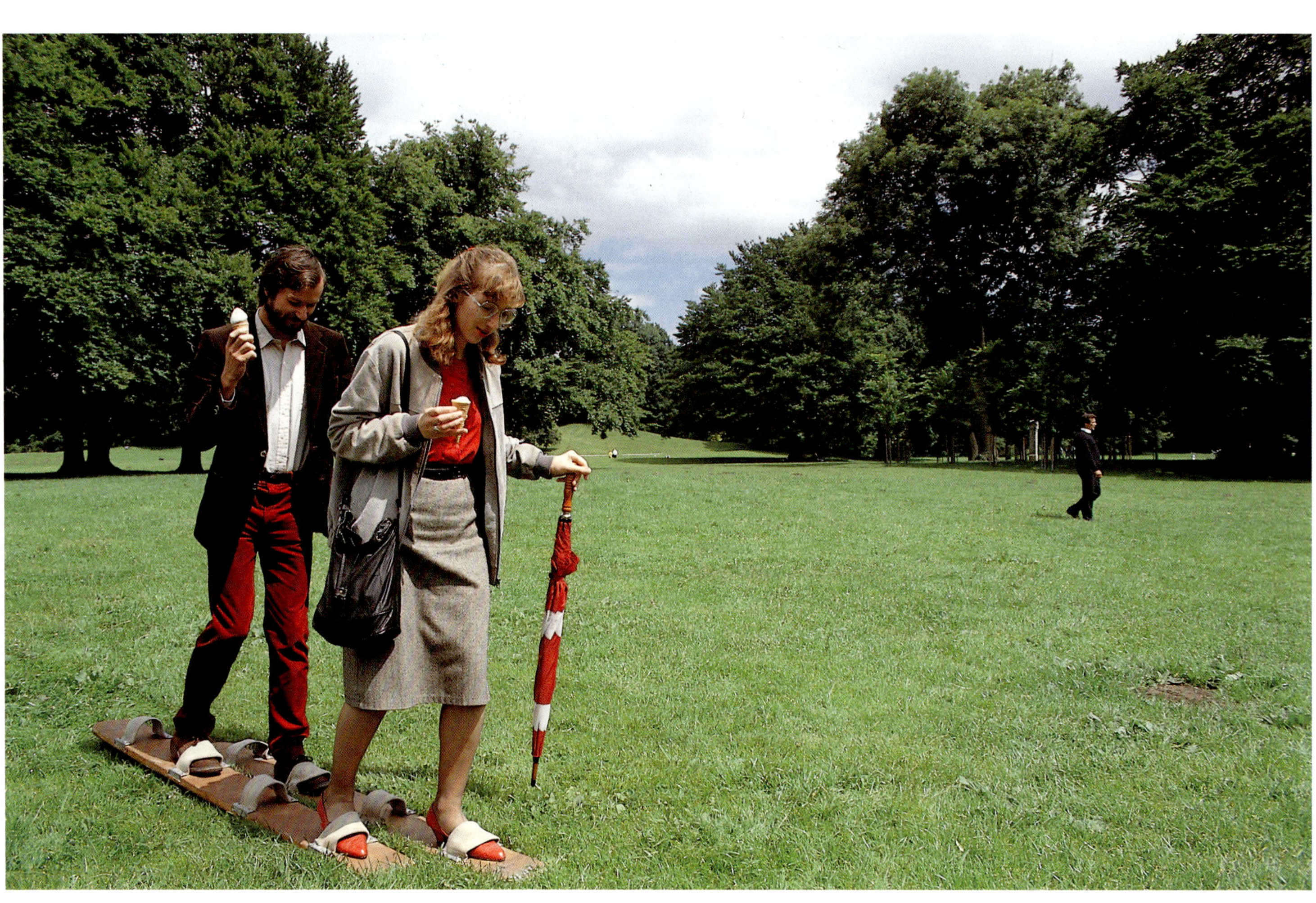

Freizeitpark
Phantasialand,
bei Köln

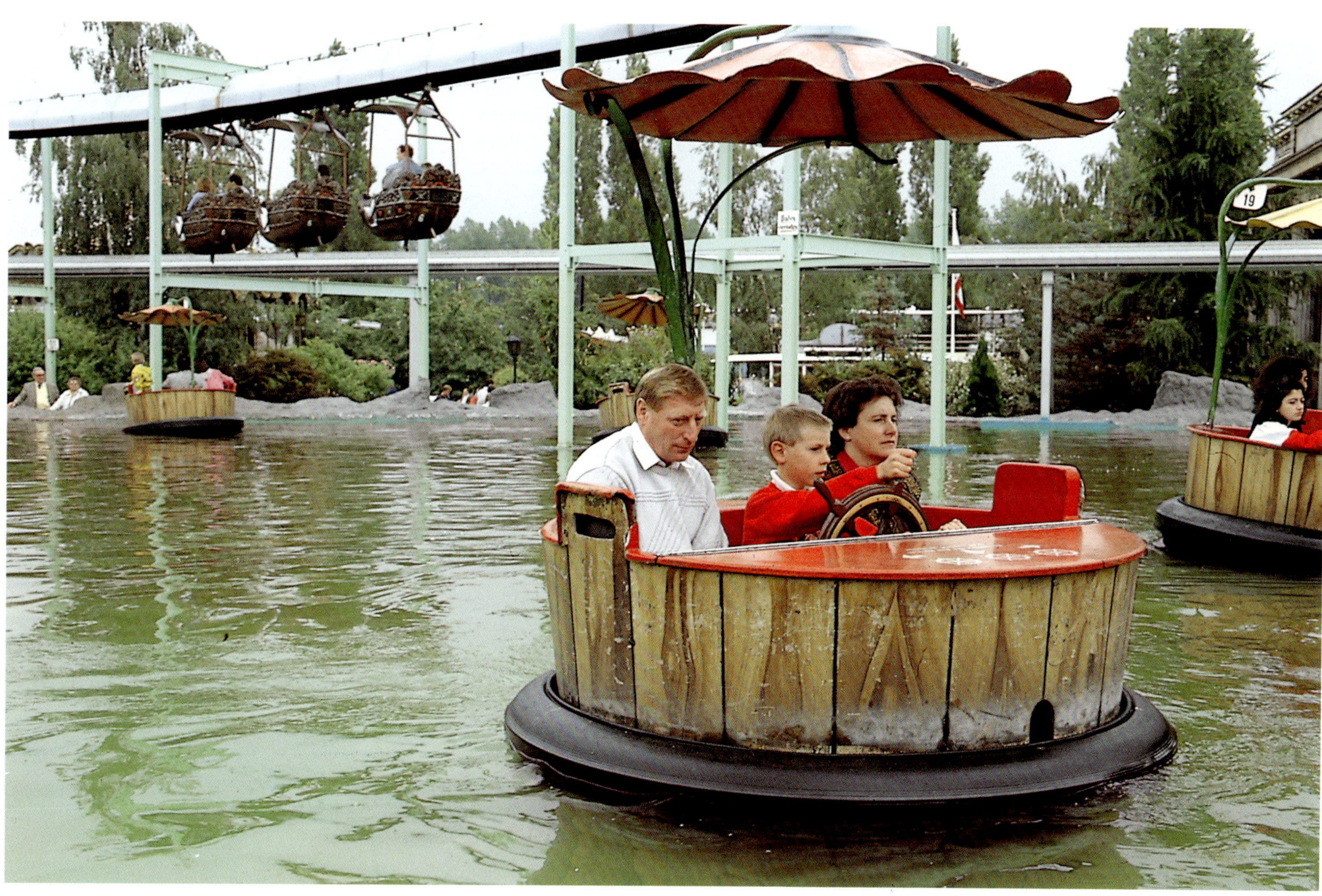

Rudolf Mooshammer,
Modemacher und
Verkäufer,
mit seiner Mutter,
München

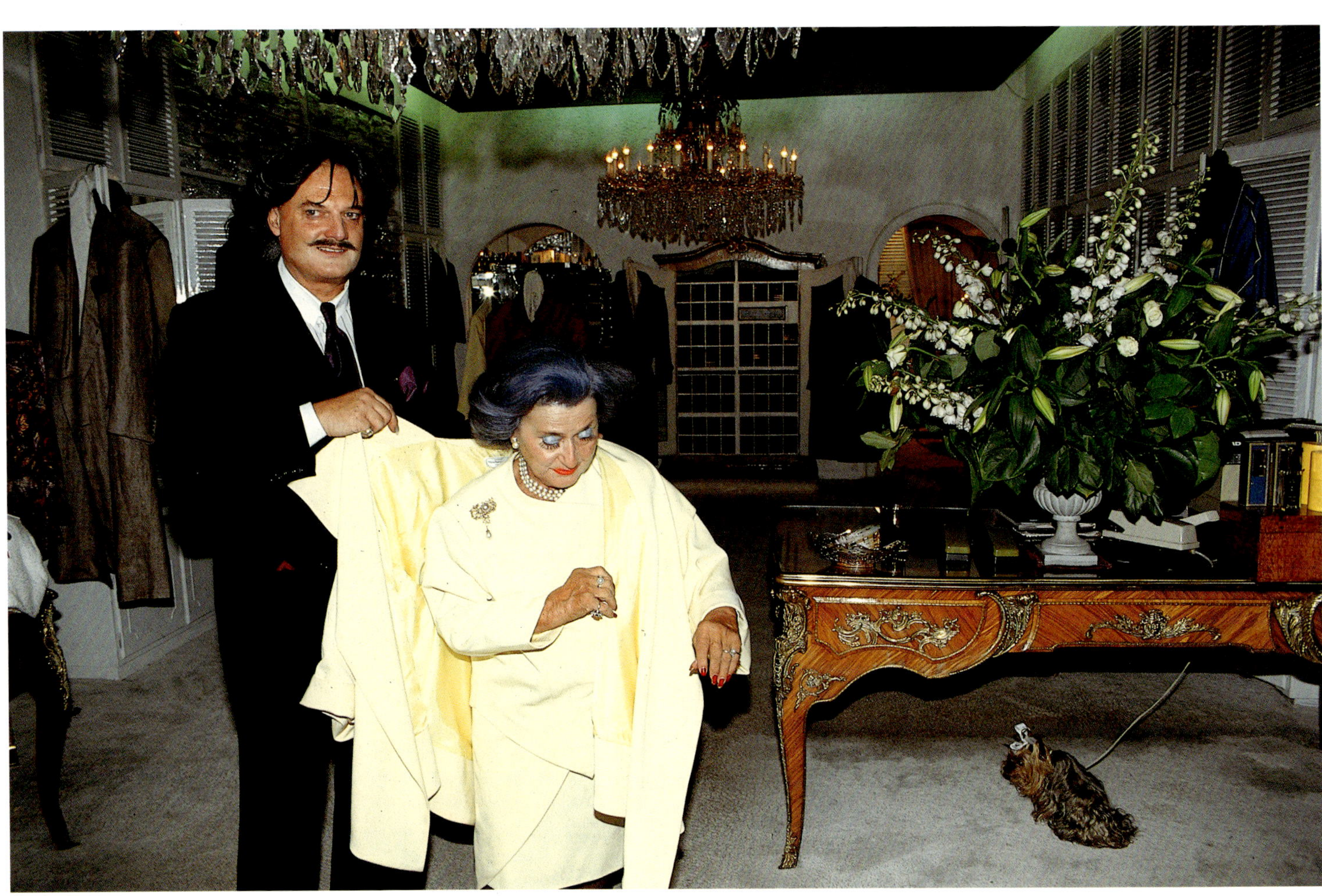

Schönheitsfarm
Bachmair,
Tegernsee

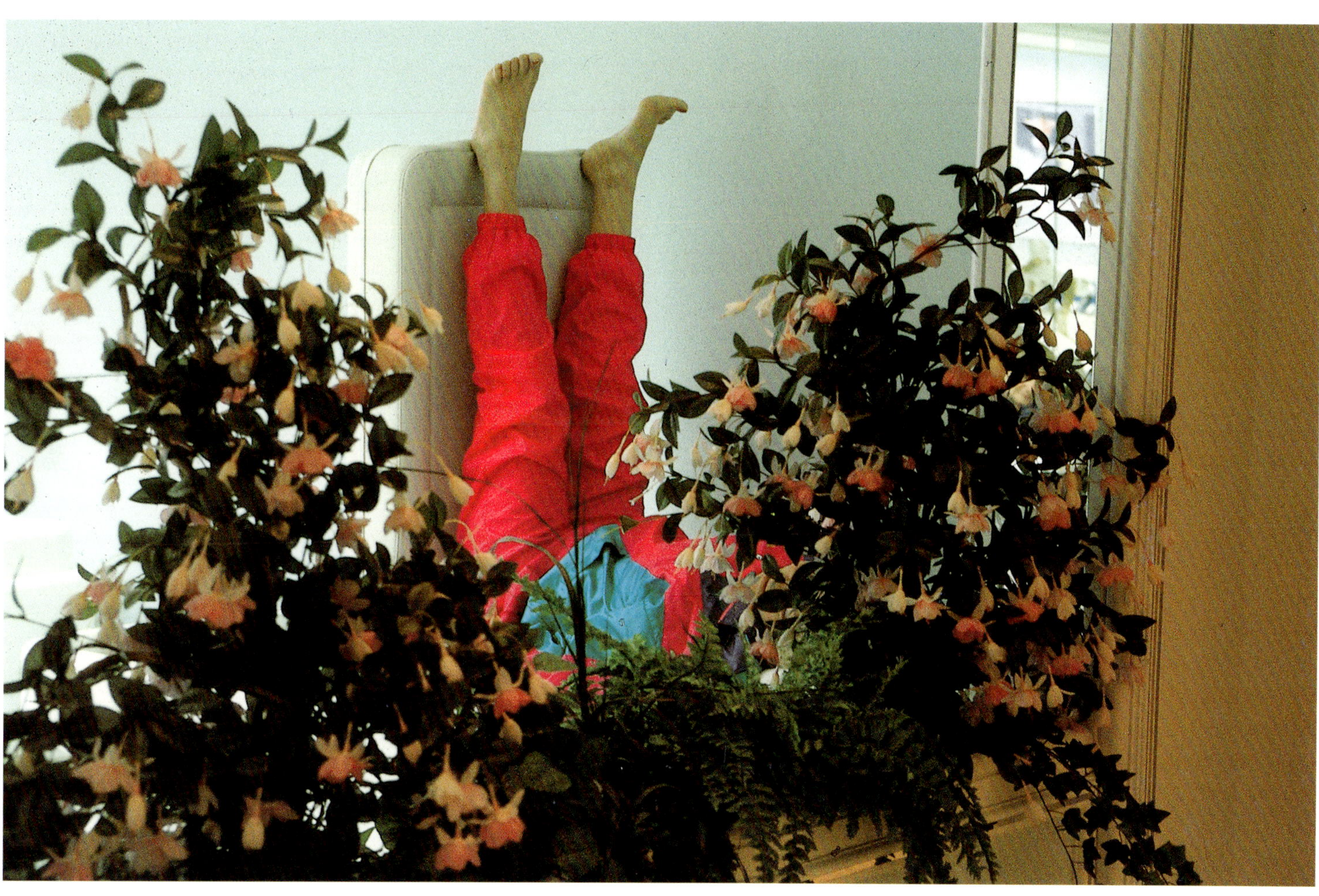

Großbauten Ost

Fotografiert von
Jens Rötzsch,
Mai 1992

... Auf einem Grundstück von 65 Hektar, entsprechend ca. 70 Fußballfelder, beträgt die bebaute Fläche der Ausbaustufe 1994 ca. 115 000 qm, der umbaute Raum erreicht ca. 2,2 Millionen cbm. Alleine das Gebäude für den Wareneingang mißt 255 x 43 m und ist 23 m hoch, die Shuttlehalle mit Gleisanschluß ist 130 x 30 m groß. An 28 Andock-Toren werden die Lastwagen entladen. Rund 98 000 Kartons pro Tag können über die Sortieranlage vereinnahmt werden; sie werden etikettiert und videoerfaßt. Die Komplextrennwände des Hochregallagers ruhen auf 172 Bohrpfählen, die in 20 m Tiefe gegründet sind. Das Hochregallager ist 190 m lang, 130 m breit und 32 m hoch. DV-gesteuert werden die angelieferten Pakete und Paletten in dem riesigen Gebäude auf 28 Tablar-Gassen mit 720 000 Tablarstellplätzen sowie 12 Paletten-Gassen mit 40 000 Palettenplätzen zwischengelagert. Etwa 2,2 Millionen Kartons finden hier Platz. Über eine entsprechende Fördertechnik angeschlossen sind das Kommissionierlager/Verteilerlager (Größe 210 x 68 m, Höhe 19 m) und das Versandgebäude (Größe 310 x 125 m, Höhe 16 m). Das Kommissionierlager mit 130 000 Entnahmeplätzen wird vom Hochregallager mit Artikeln versorgt. DV-gesteuert werden von Mitarbeitern hier täglich bis zu 600 000 Artikel für Kundenbestellungen entnommen und über eine Wannenförderanlage einem DV-gesteuerten zentralen Puffer zugeführt. Anschließend werden die Wannen automatisch zu vier Sortiersystemen transportiert, die die 600 000 Bestellpositionen pro Tag zu Kundensendungen zusammenführen und mit Lieferpapieren versehen. Nach der Kontrolle durch Mitarbeiter werden die Quelle-Pakete gepackt und mit der entsprechenden Adresse versehen. Eine Anlage sortiert dann automatisch nach 33 Zielen, bevor die Sendungen in Containern gepackt der Deutschen Bundespost übergeben werden. Mit dem Unternehmensbereich Automatisierungstechnik der Siemens AG, Nürnberg, wurde die bisher noch nie im Versandhandel realisierte Technologie entwickelt. 1994 wird der Betrieb in Leipzig seine Arbeit aufnehmen. Rund 25 Millionen Quelle-Pakete werden dann jährlich von Leipzig-Mockau aus ihren Weg zu den Kunden antreten, in Spitzenzeiten bis zu 180 000 Pakete am Tag ...

(Aus der Presse-Information der Quelle-Gruppe zum Richtfest des Quelle-Hochregallagers in Leipzig-Mockau, das am 30. September 1992 unter Anwesenheit von Bundeskanzler Helmut Kohl und Sachsens Ministerpräsident Prof. Kurt Biedenkopf stattfand)

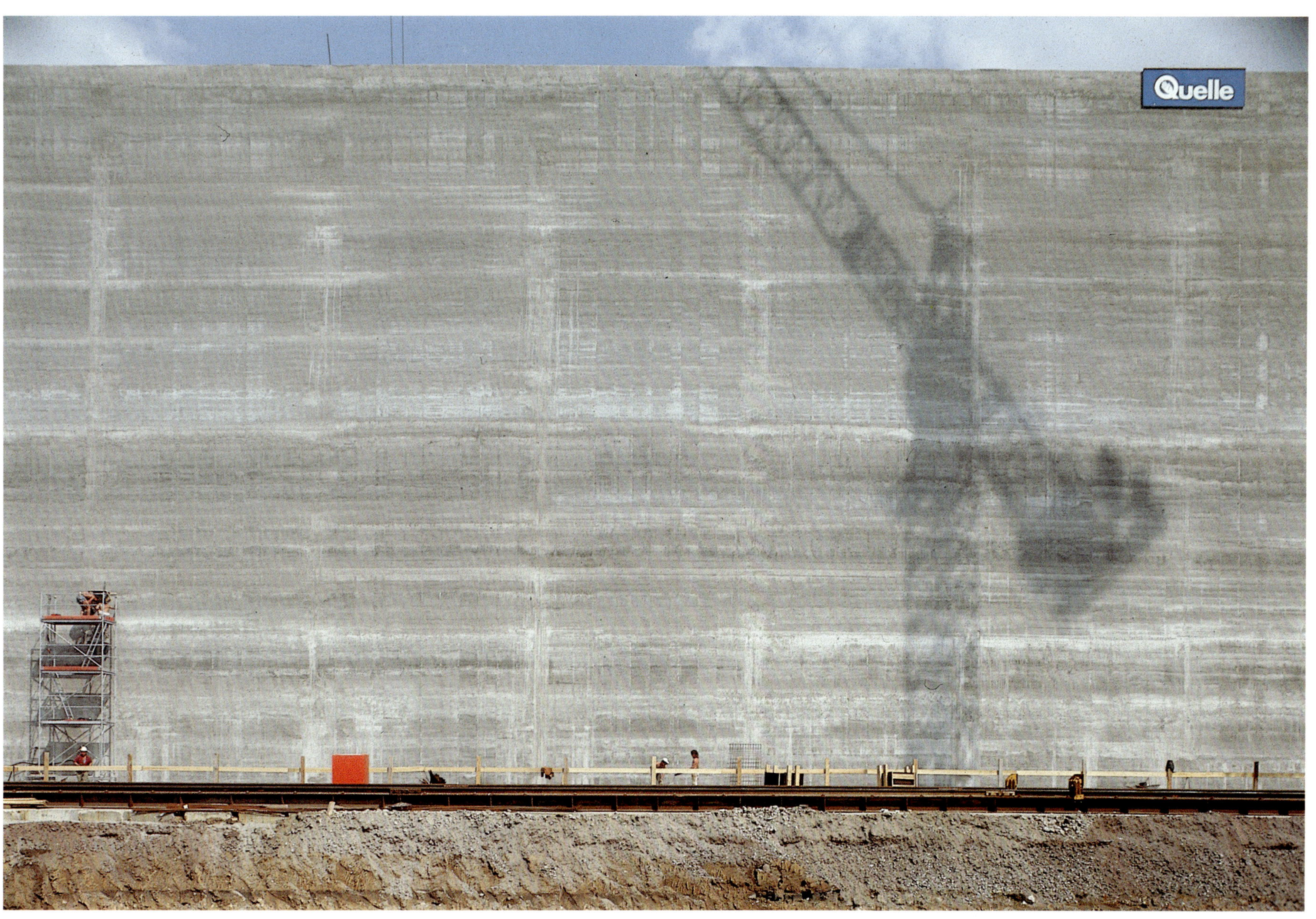
Quelle

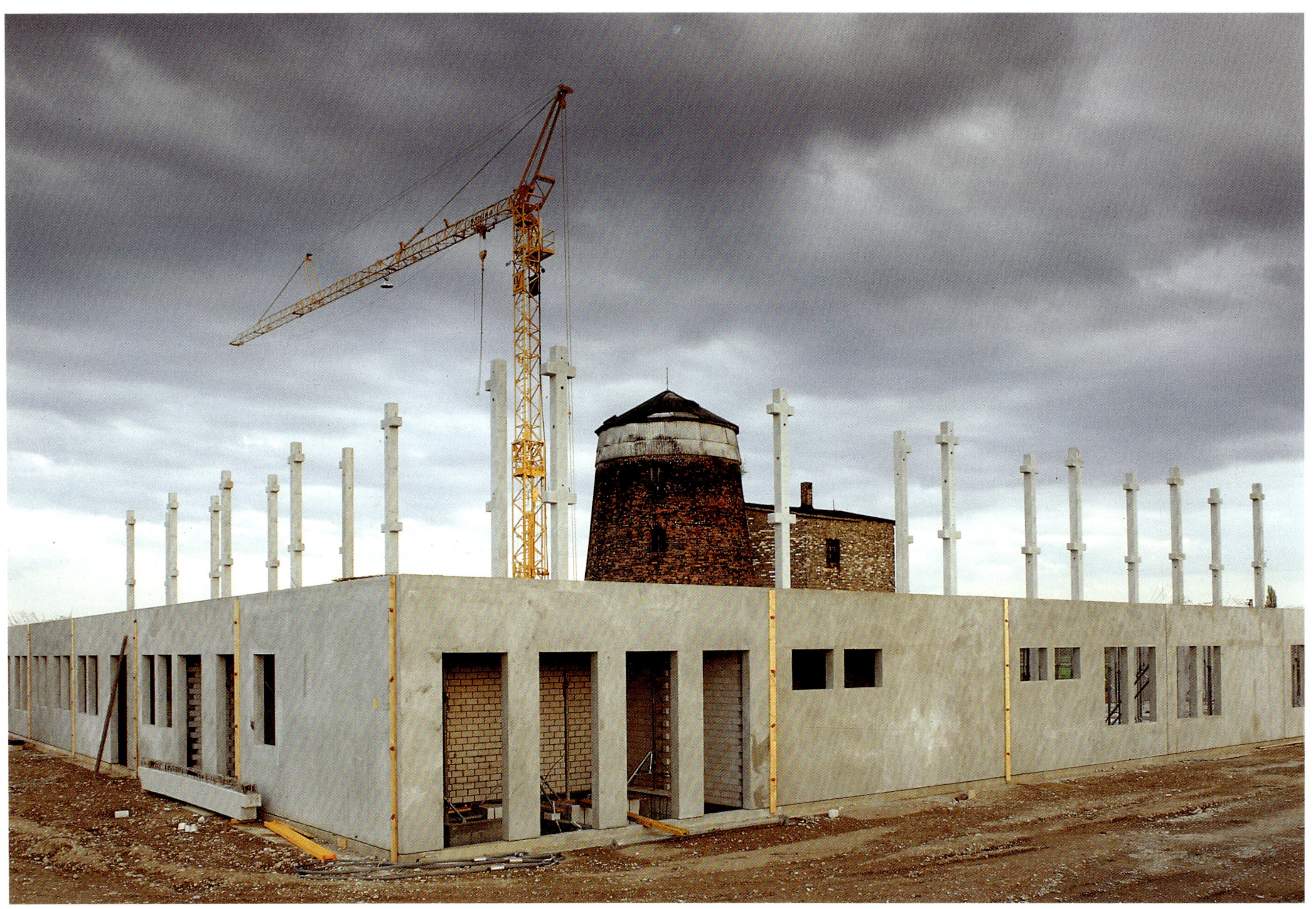

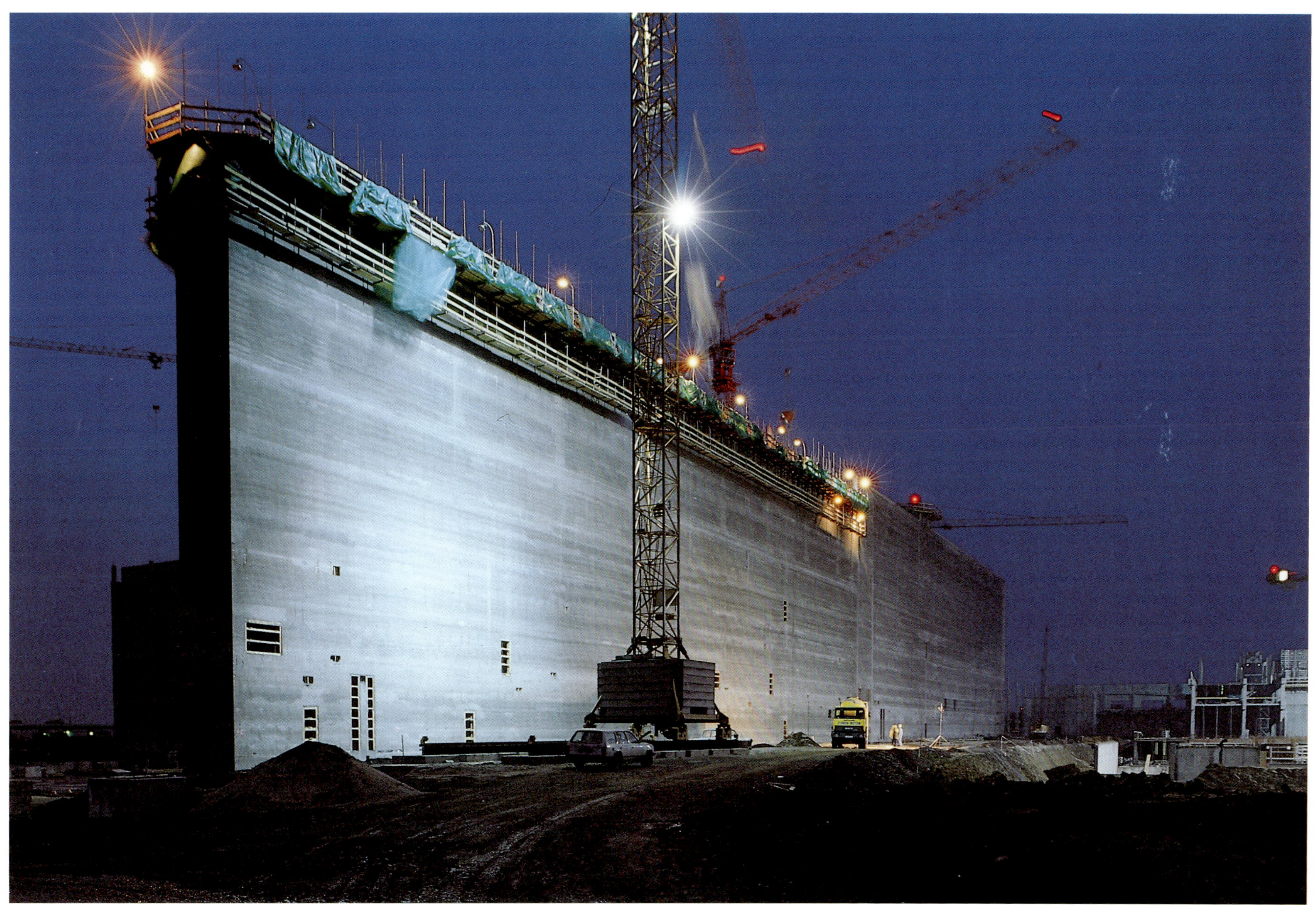

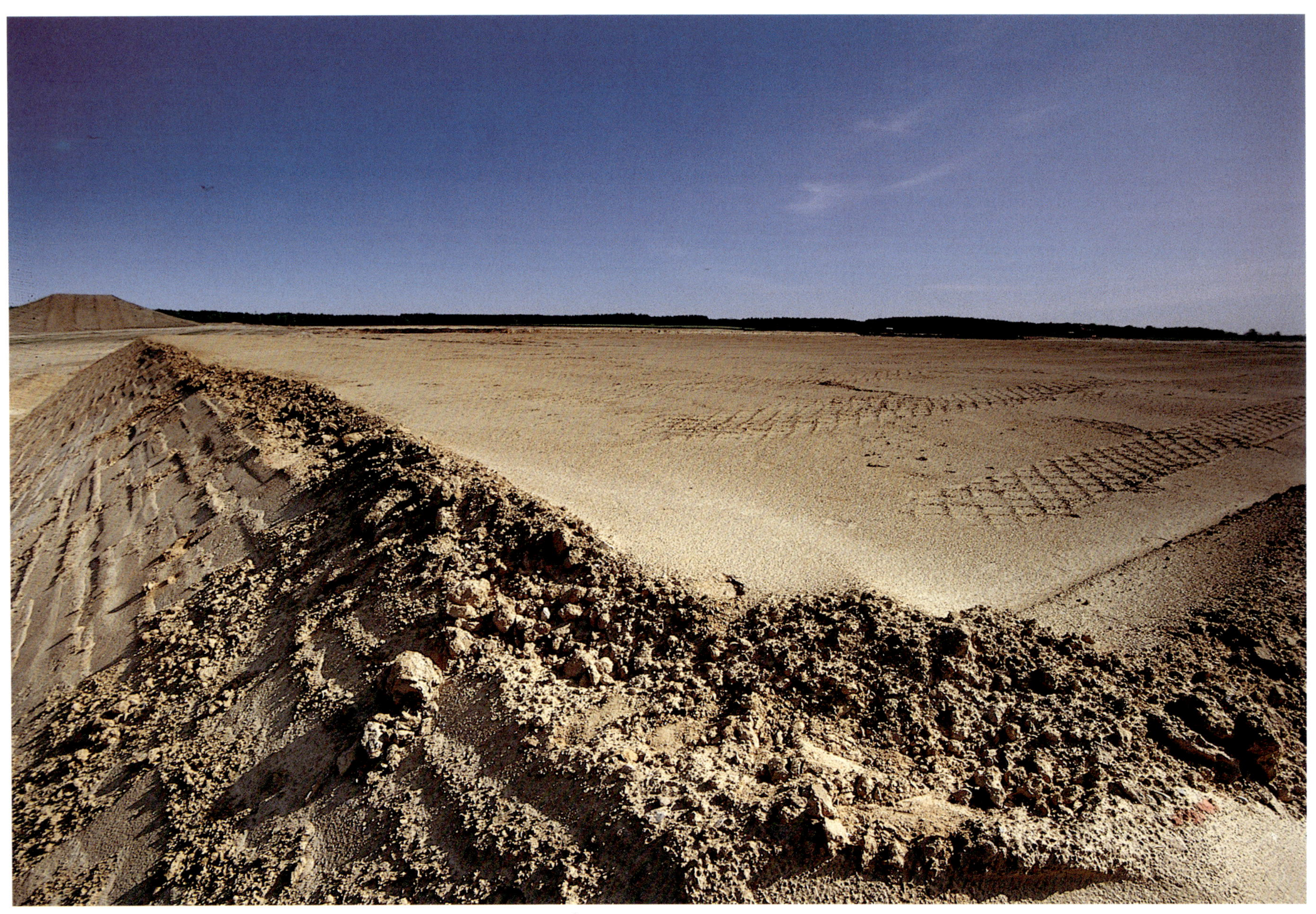

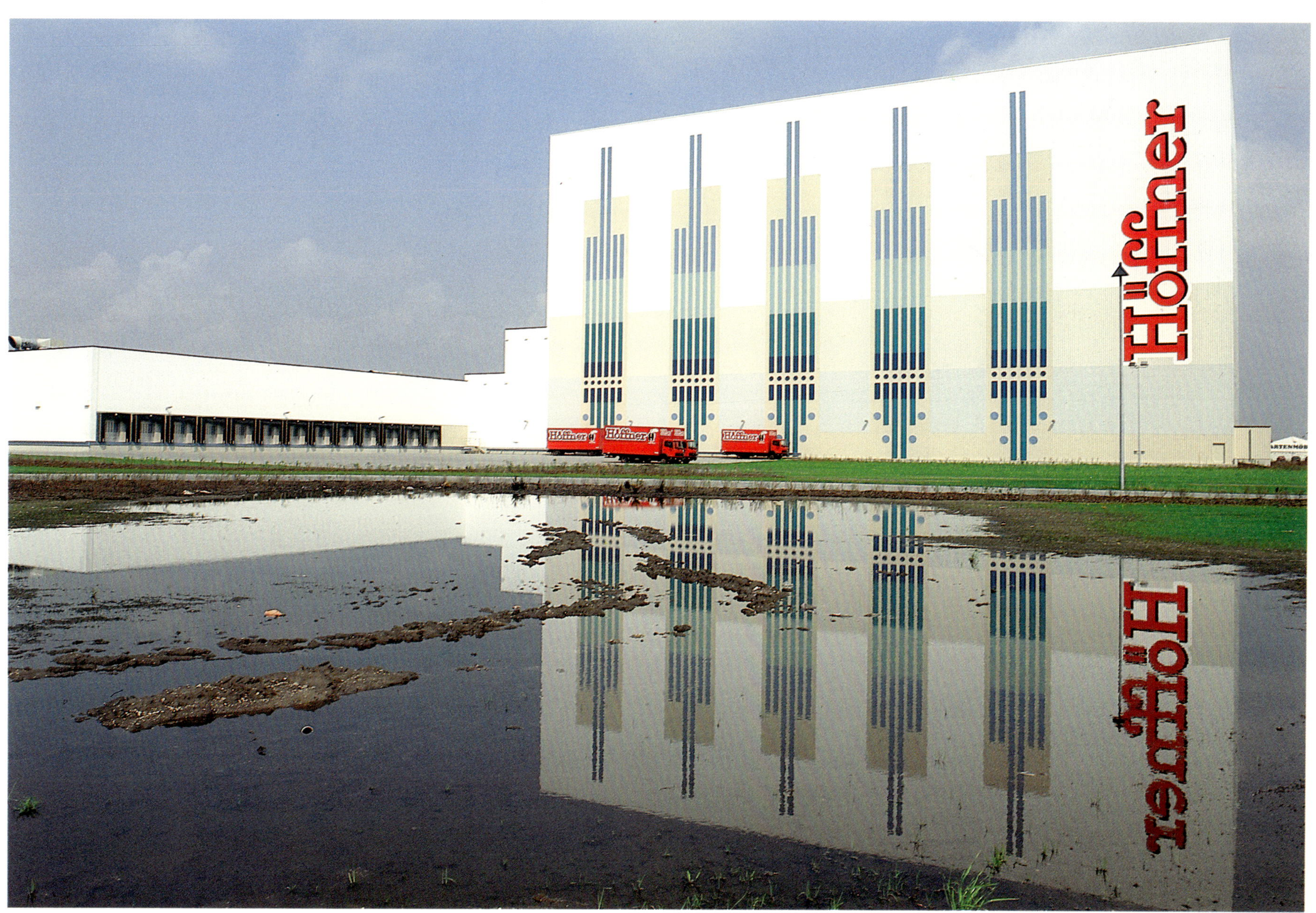
Höffner

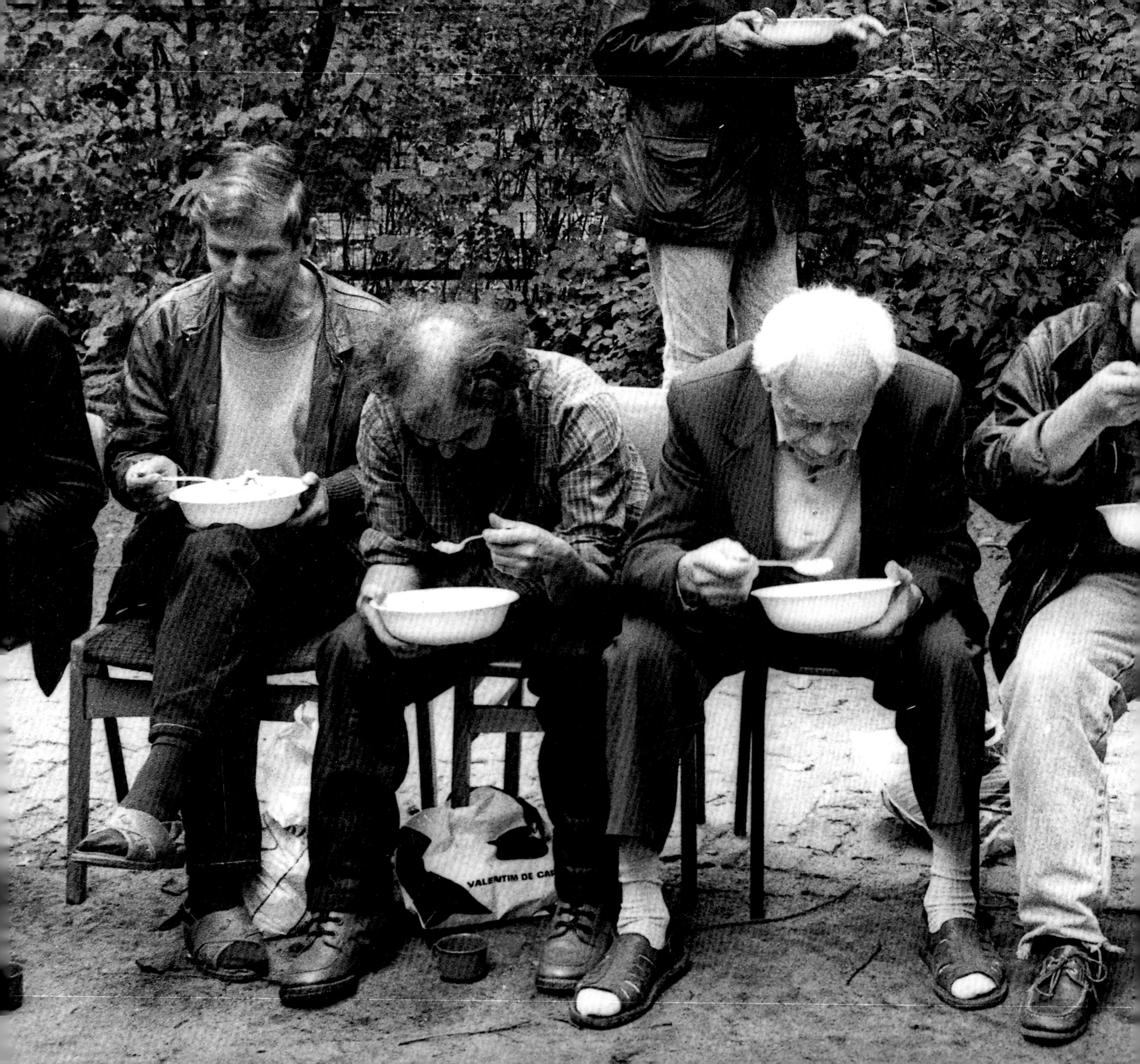

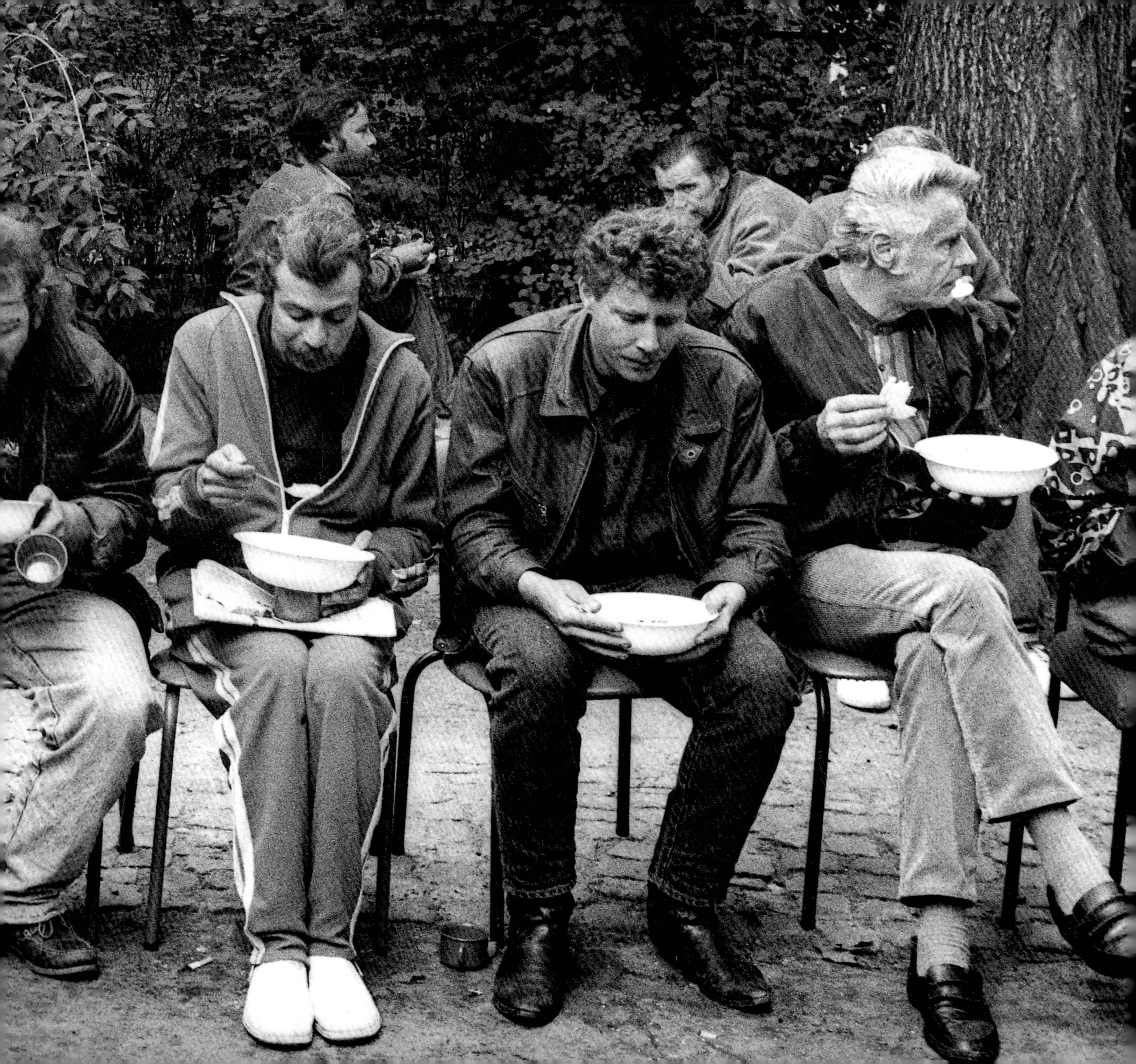

Bomber. Porträt
Fotografiert von
Ute Mahler,
Januar 1993

1992 ist die Zahl rechtsextremistischer Anschläge in Deutschland im Vergleich zum Vorjahr um über 50% gestiegen. Bei 2300 Straftaten wurden 17 Menschen getötet. Es erfolgten 701 Brand- und Sprengstoffanschläge und 77 Schändungen jüdischer Friedhöfe, Mahnmale und sonstiger Gebäude. 70% der Tatverdächtigen waren Jugendliche oder Heranwachsende, nur 2% waren älter als 30 Jahre.

Moral von der Geschichte. Gibt es keine. Auch die Geschichte von Bomber und Jana kommt ohne Moral aus. Sie ist brutal, hoffnungslos und deutsch. Vergessene Kinder des verlorenen Sozialismus, militante rechtsradikale Ossis, fehlgeleitete, verunsicherte Zuspätgekommene, mißratene, verlorene Wendekinder. Recht haben die, die jetzt vor Deutschland warnen.

Schlußfolgerung. Ausblick. Gibt es auch keinen. Nur den: Respektiert die Sehnsüchte der Menschen. Gebt ihnen einen Traum, auch wenn er nur Wohnung-Arbeit-Auto heißt. In letzter Instanz tut auch der stets nach Perfektion und dem großen Ganzen suchende deutsche Mensch nur so hochtrabend. In Wirklichkeit ist er anspruchslos wie ein Hamster, solange man ihm nicht sein Laufrädchen wegnimmt.

(Aus: Lucas Lessing, »Die Skinhead-Familie«)

Seite 116/117:
Ute Mahler

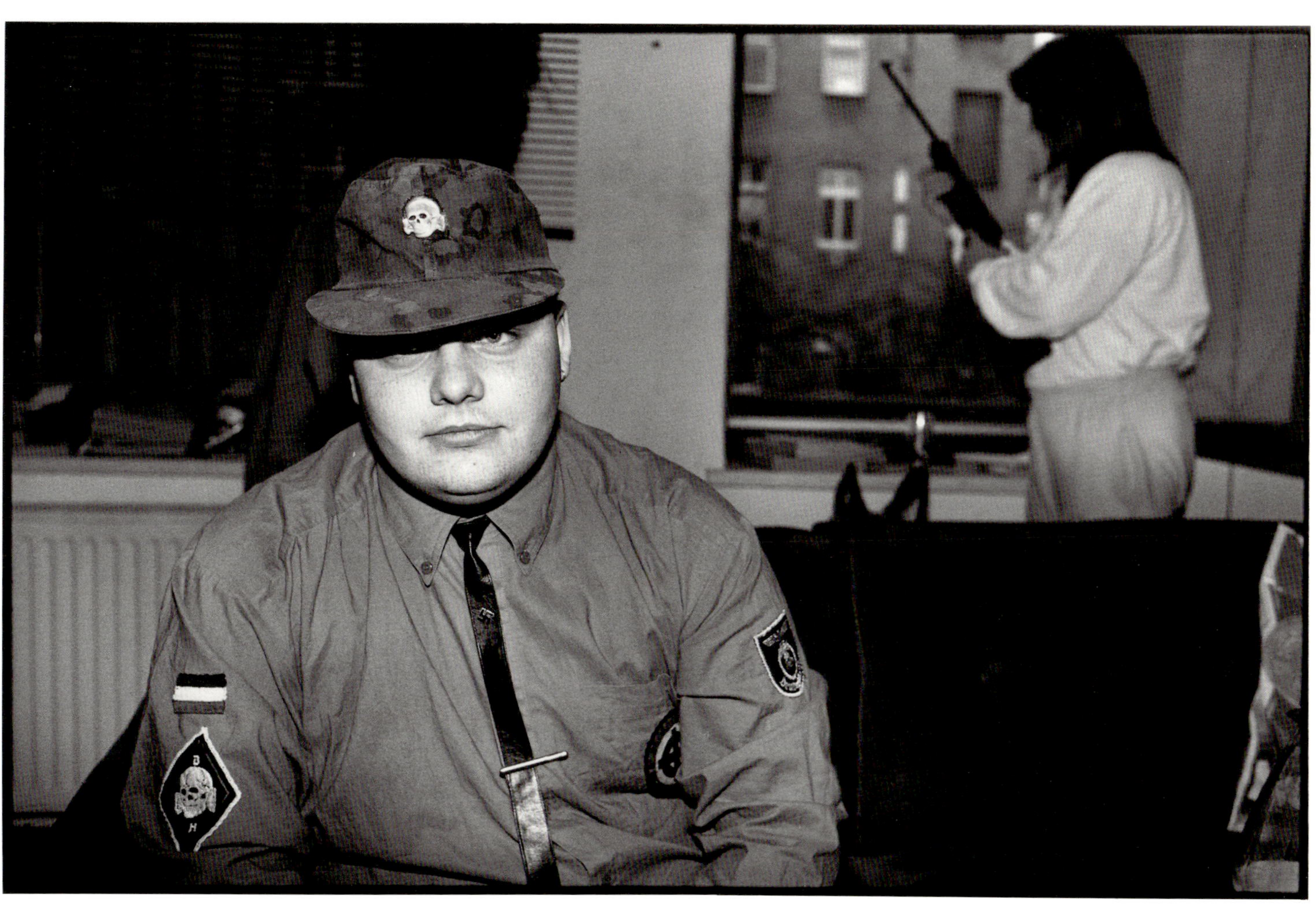

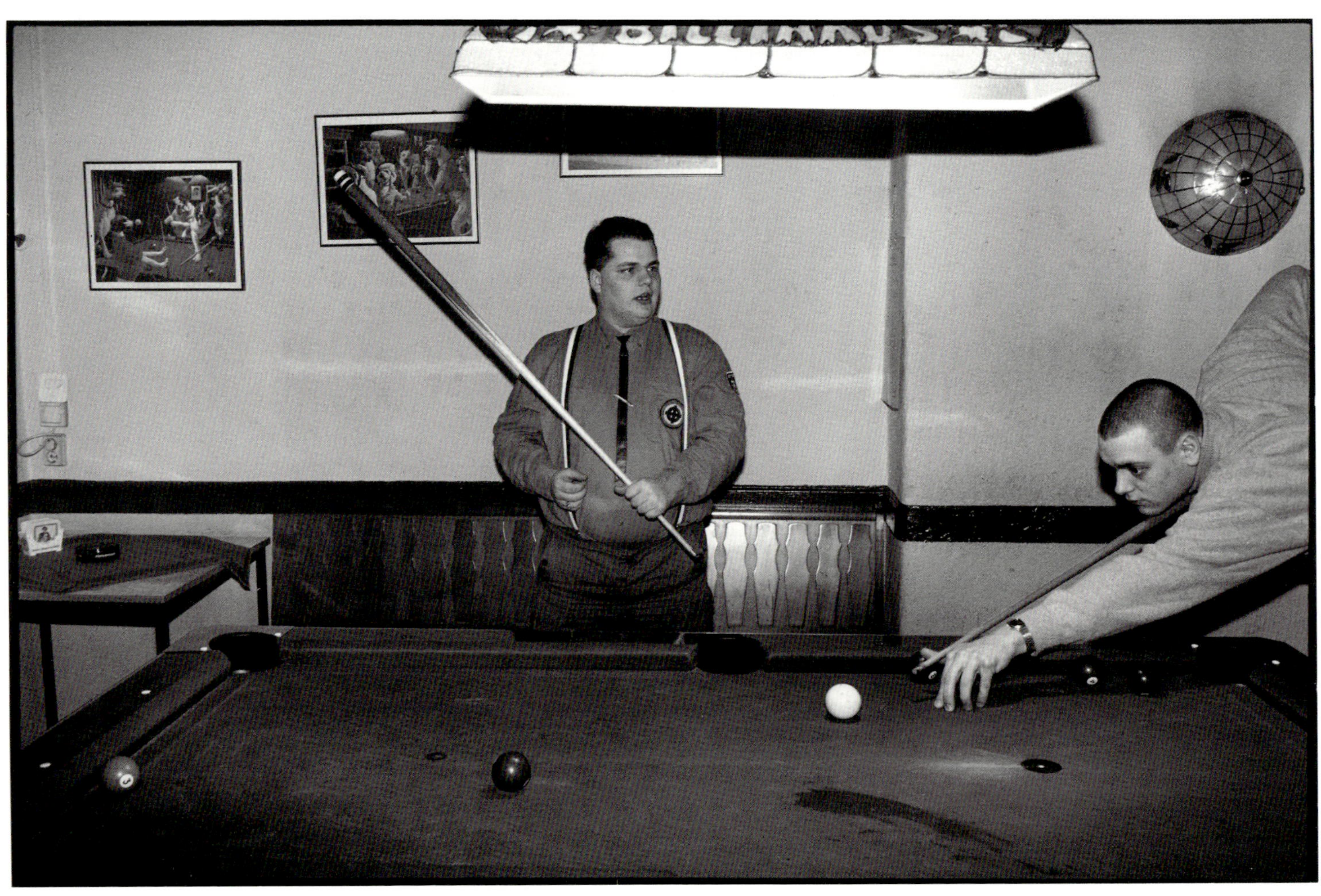

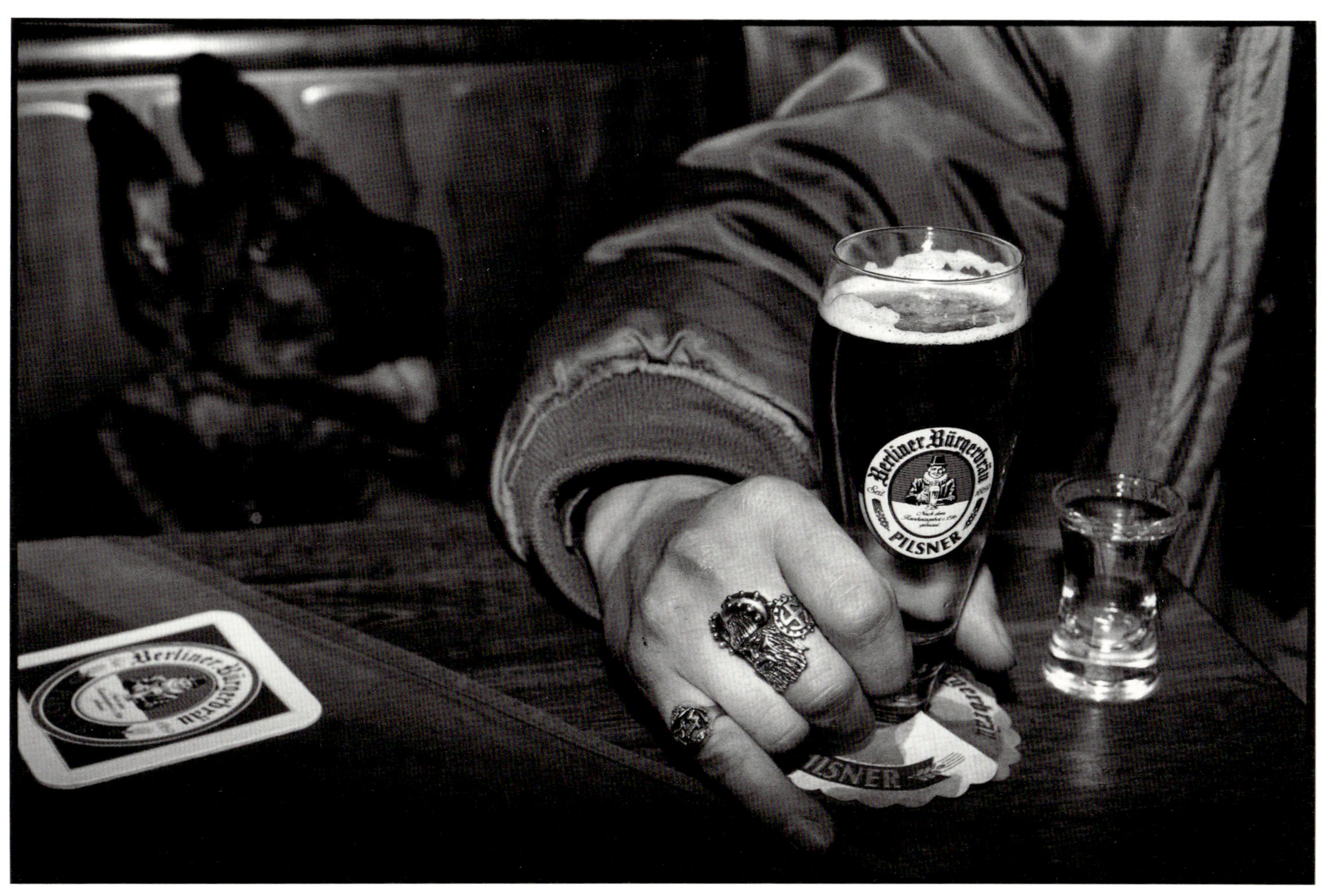
Berliner Bürgerbräu
PILSNER
Berliner Bürgerbräu
ILSNER

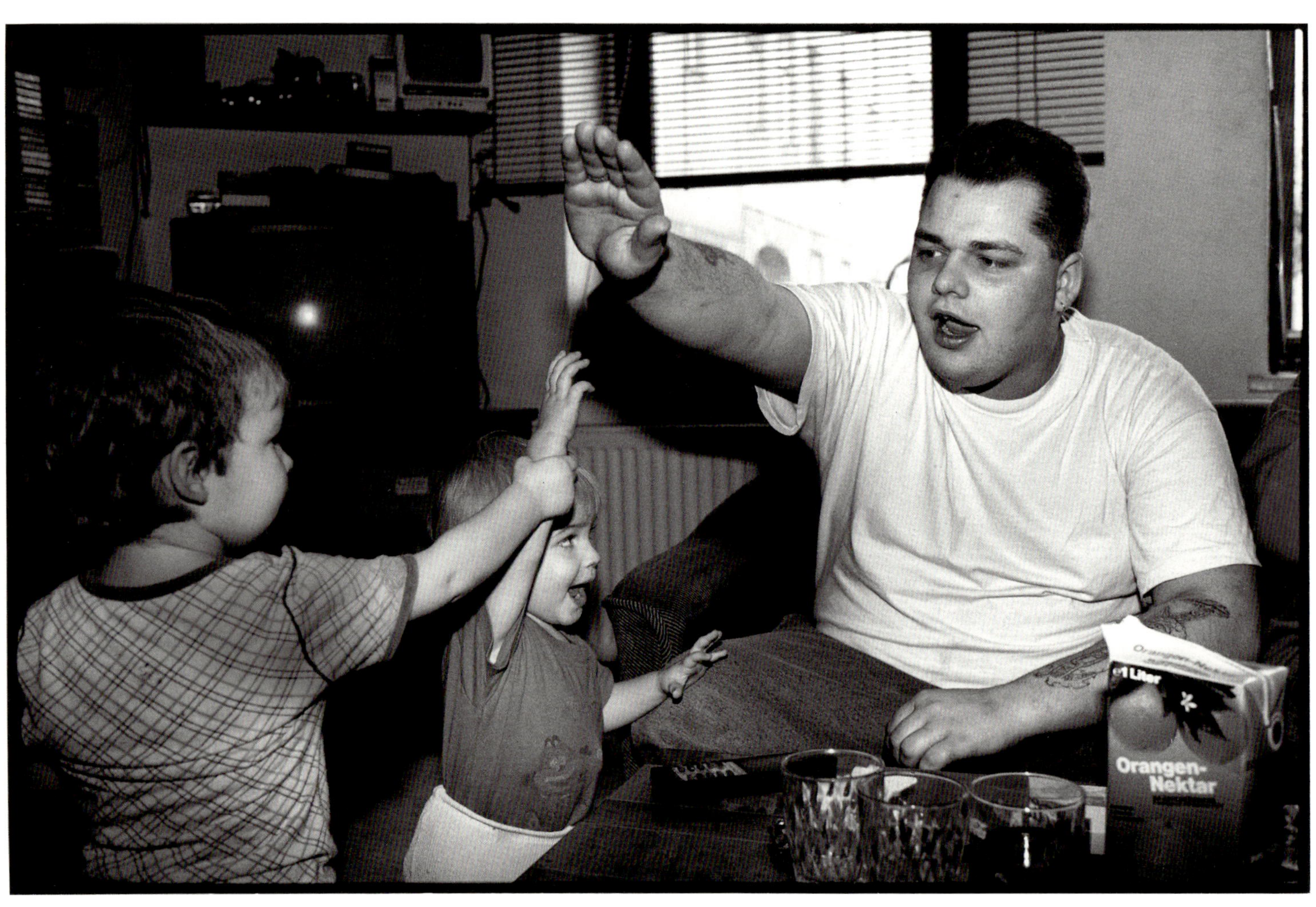
1 Liter
Orangen-
Nektar

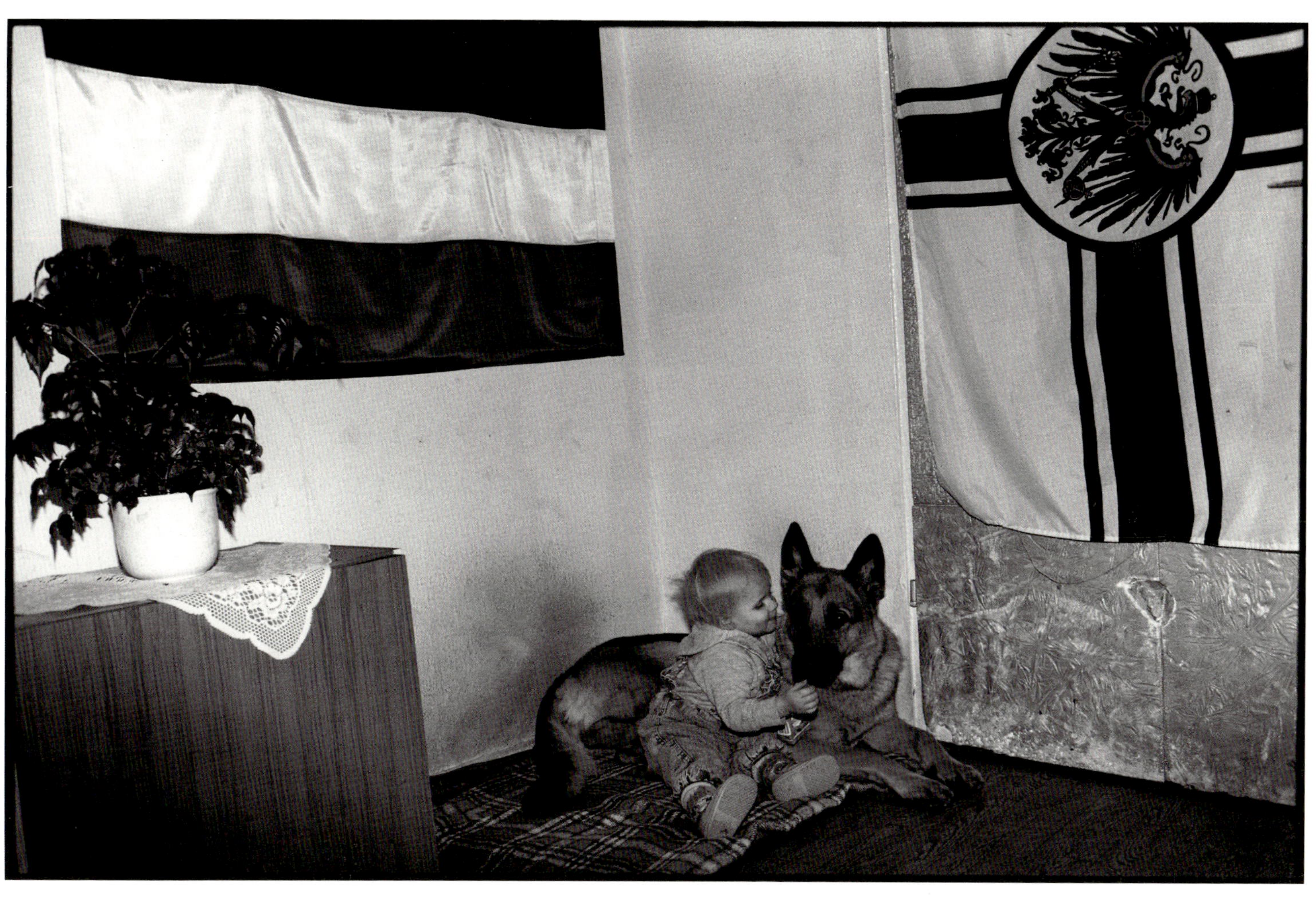

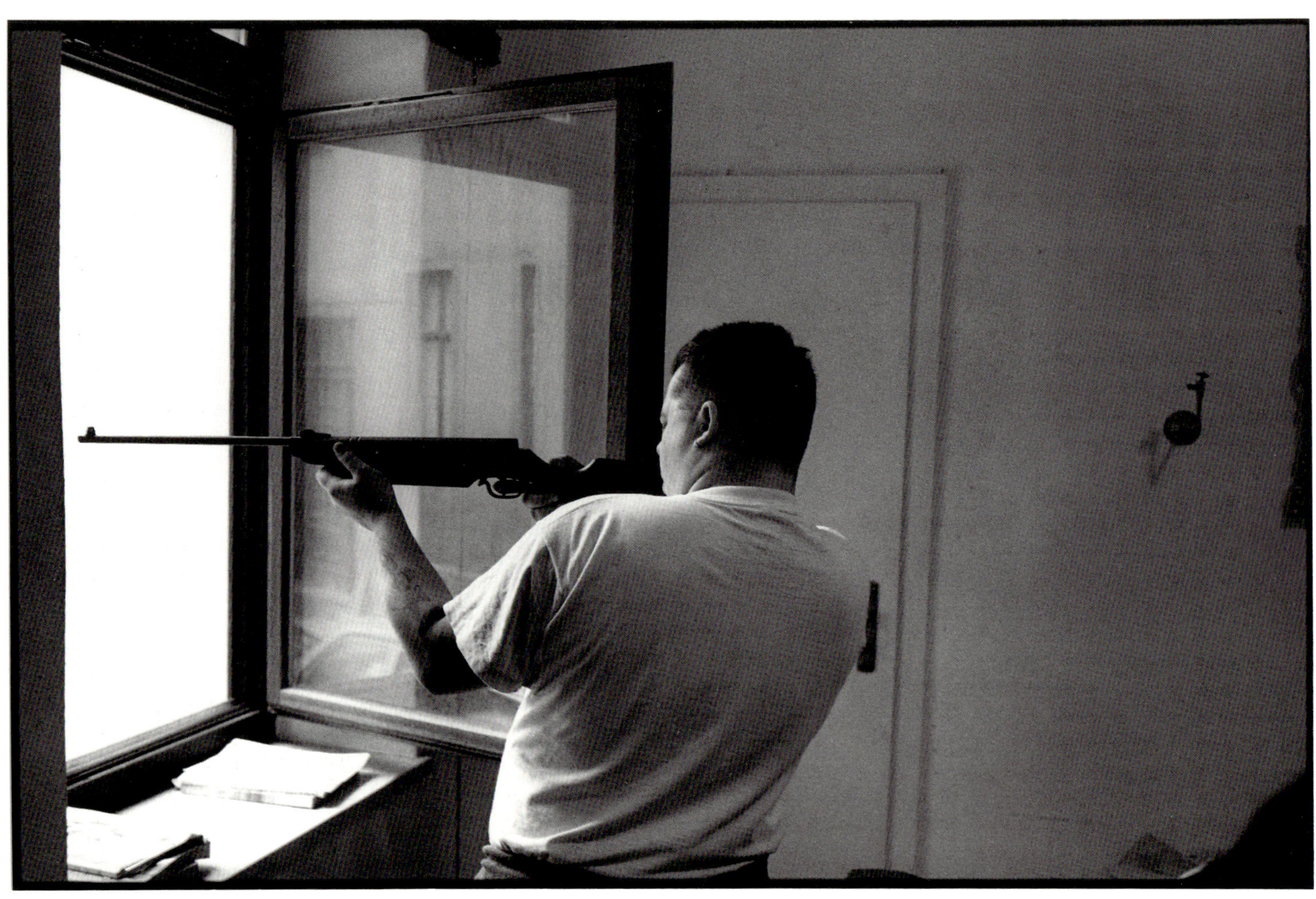

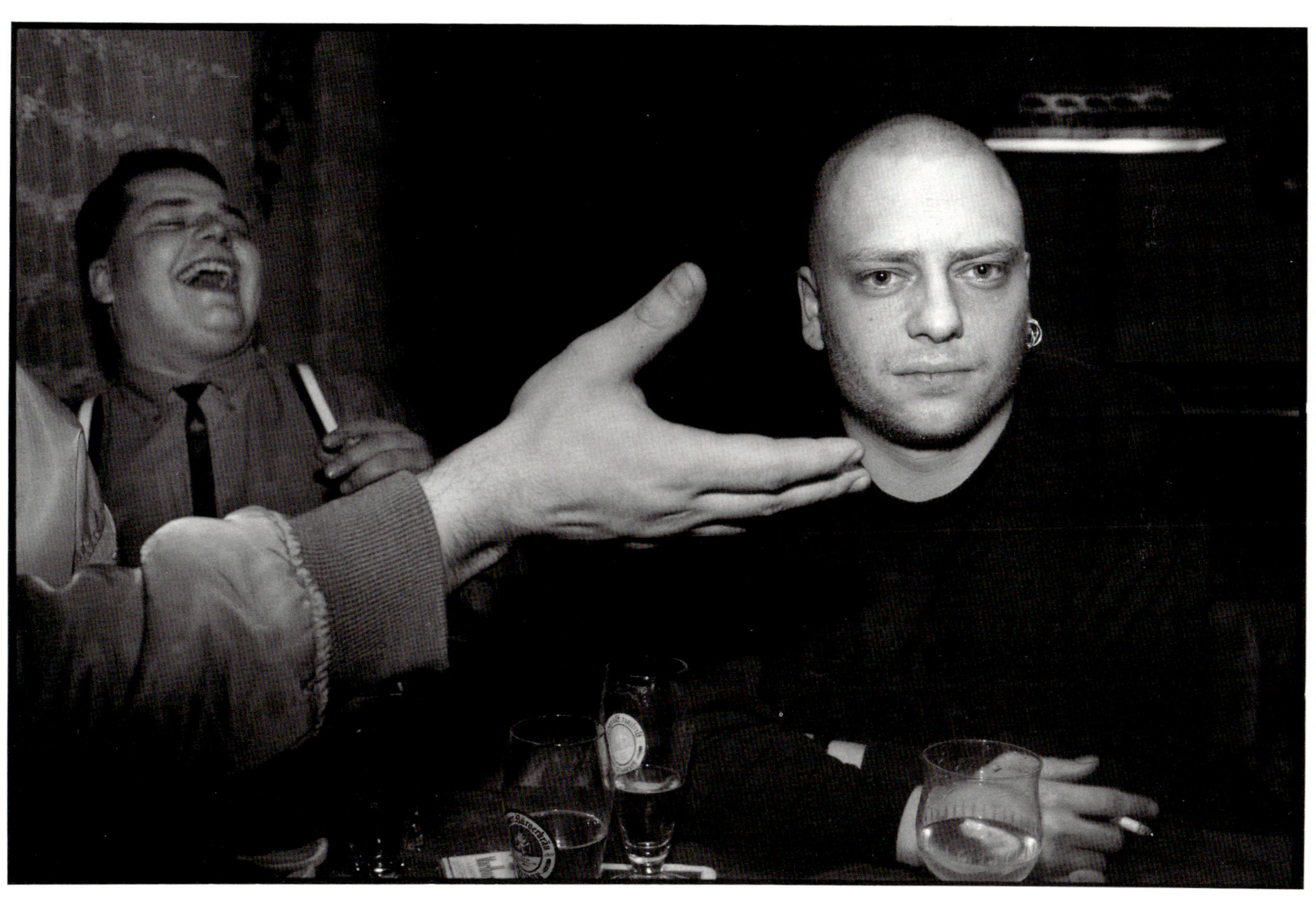

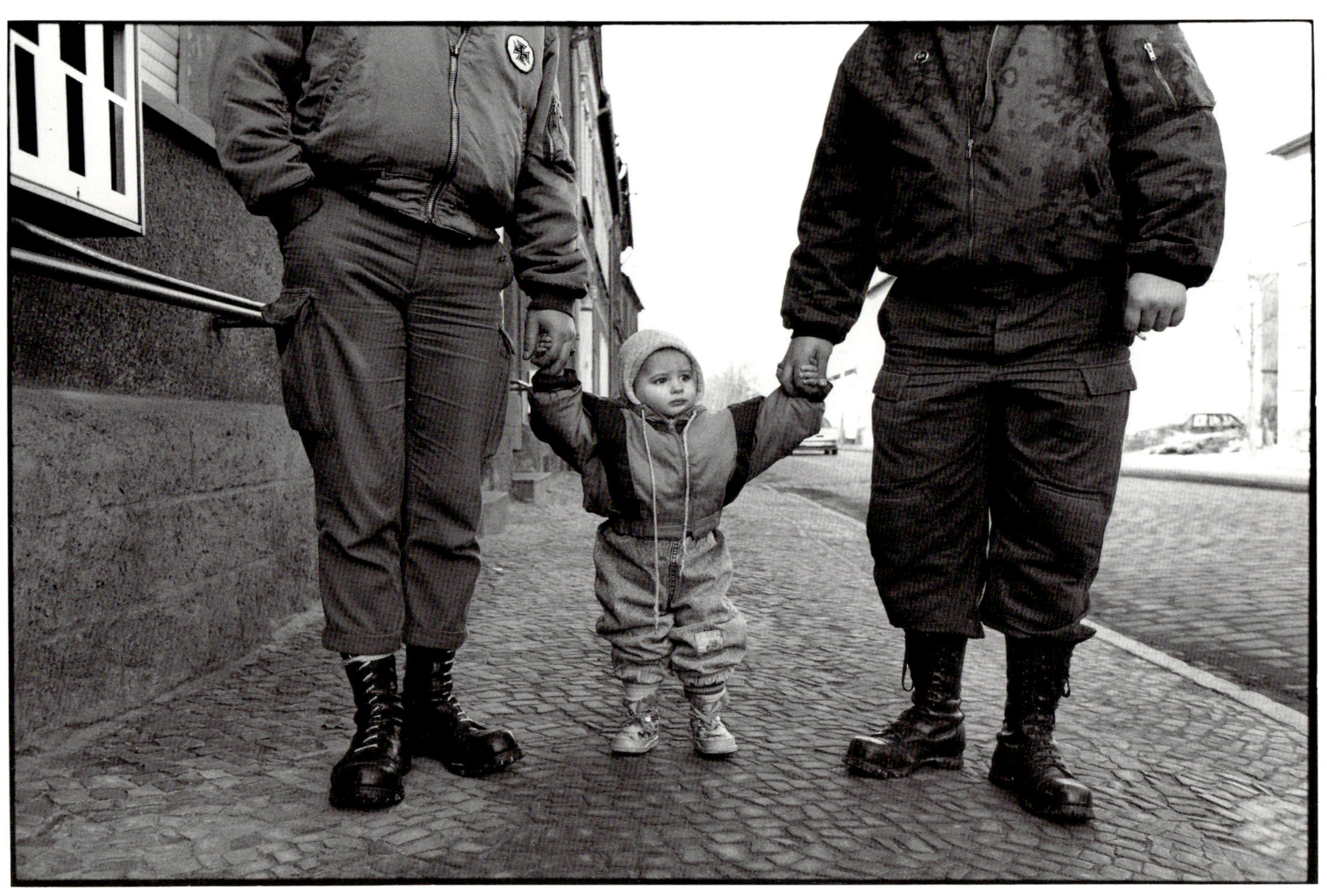

Texte und Abbildungen

Schlagende Verbindungen

Aus: Irgendwann zocken wir euch ab, STERN 21/90
Text: Christian Krug,
Fotos: Jens Rötzsch

Berlin, Mainzer Straße

Aus: Berlin Mainzer Straße, Wohnen ist wichtiger als das Gesetz, Basisdruck Berlin 1992
Fotos: Harald Hauswald

Kinder von Zielitz

Aus: Die Angst vor allem Fremden, extra magazin 35/91
Text: Katharina Priebe,
Fotos: Harf Zimmermann

Licht aus bei Narva?

Aus: Licht aus bei Narva?, Merian extra: Hauptstadt Berlin, 1991
Text: Helmut Höge, Fotos: Jens Rötzsch

Ibrahim Böhme. Porträt

Produziert für STERN, 1991, Biographie Ibrahim Böhme aus: Birgit Lahann, Genosse Judas, Rowohlt Berlin Verlag GmbH, Berlin 1992
Fotos: Ute Mahler

Die erogene Zone

Aus: Die erogene Zone, STERN 9/91
Text: Ulrike Posche,
Fotos: Ute Mahler

Im Reich der Treuhand

Aus: Im Reich der Treuhand, ZEITmagazin 9/92
Text: Susanne Raubold,
Fotos: Thomas Sandberg

Ostdeutsche Porträts

Aus verschiedenen Reportagen,
Fotos: OSTKREUZ

Ingo Hasselbach. Porträt

Aus: Wozu sind wir bewaffnet, produziert für STERN, 1992
Text: Dirk Lehmann, Fotos: Sibylle Bergemann

Plattenbauten

Aus: Der Platte eine Chance, ZEITmagazin 27/92
Text: Dieter E. Zimmer, Fotos: Harf Zimmermann

Berlin, Varieté Chamäleon

Aus: Schwarz und nackt im Nichts verschwinden. Wochenpost 28/92
Text: Regine Sylvester, Fotos: Sibylle Bergemann

Tod in Suckow

Aus: Tod in Suckow, Das Magazin, Berlin 4/92
Text: Holde Barbara Ullrich, Fotos: Werner Mahler

Verliererinnen der Einheit

Aus: Die Verliererinnen der Einheit, STERN 46/92
Text: Christine Claussen/ Carola Menger/ Heide-Ulrike Wendt, Fotos: Sibylle Bergemann

Exkurs: Wessiland

Aus: Freizeit in Wessiland,
produziert für Marie Claire, 1991
Text: Holde Barbara Ullrich,
Fotos: Ute Mahler

Großbauten Ost

Produziert für STERN, 1992
Text: Presse-Information der Quelle-Gruppe, September 1992,
Fotos: Jens Rötzsch

Bomber. Porträt

Produziert für DAS MAGAZIN (Zürich), 1993
Text: Lucas Lessing,
Fotos: Ute Mahler

Wir danken an dieser Stelle allen Verlagen und Autoren für die freundliche Genehmigung des auszugsweisen Abdrucks ihrer Texte.

Editorial

OSTKREUZ Agentur der Fotografen ist der Zusammenschluß von sieben freiberuflichen Fotografen mit Sitz in Berlin. Die 1990 gegründete Autoren-Agentur liefert Auftragsarbeiten und eigene Produktionen in den Bereichen Bildjournalismus, Werbung und Mode.

Im OSTKREUZ-Archiv sind deutsche wie internationale Themen aus der langjährigen Arbeit aller Mitglieder auf ihren verschiedenen fotografischen Fachgebieten verfügbar.

OSTKREUZ-Bilder und -Reportagen erschienen bis jetzt in: STERN, ZEITmagazin, Tempo, Spiegel, Merian, Sunday Times Magazine, The European, Capital, Impulse, Geo, Elsevier, Süddeutsche Zeitung, New York Times Magazine, Brigitte, Globo, Actuel,...

Anläßlich des zweijährigen Bestehens fand im September 1992 die erste gemeinsame Ausstellung der Gründungsmitglieder in der Kommunalen Fotogalerie Berlin statt.

»Aufbruch nach Deutschland« erscheint aus Anlaß der gleichnamigen Ausstellung im Deutschen Historischen Museum, Berlin, vom 24. Juni bis 3. August 1993.

Werner Mahler

1950
geb. in Boßdorf (Kreis Wittenberg)
1968
Abitur in Oranienburg b. Berlin
1970-1971
Chemie-Studium in Merseburg
1971-1973
Assistent bei dem Fotografen Ludwig Schirmer
1973-1978
Studium der Fotografie an der HGB Leipzig
seit 1978
freiberuflicher Fotograf, lebt in Lehnitz bei Berlin
1990
Kodak-Kalenderpreis

Jens Rötzsch

1959
geb. in Leipzig
1981-1986
Studium der Fotografie an der HGB Leipzig
1987-1989
Zusatzstudium Fotografie/Video an der Hochschule für Design Budapest
seit 1989
freiberuflicher Fotograf, lebt in Leipzig und Berlin
seit 1992 Lehrauftrag für Fotografie an der Fachhochschule Bielefeld.
Bücher und Buchbeteiligungen:
Zwischenzeiten – Bilder ostdeutscher Fotografen 1987-1991, F.C.Gundlach (Hrsg.), Richterverlag, Düsseldorf, 1991

» Ost – 90,91,92 «
Telekom (Hrsg.), Nordwestdeutsche Verlagsgesellschaft, Bremerhaven, 1992

Jens Rötzsch, Zeitläufe. Farbfotografien 1987-1992. Katalog: U.Wallenburg, Brandenburgische Kunstsammlung Cottbus, 1993

Thomas Sandberg

1952
geb. in Berlin
1971
Abschluß einer fotografischen Lehre
1972-1975
Volontariat bei der Neuen Berliner Illustrierten
1975-1989
Fotoreporter bei der gleichen Zeitschrift
1979
Abitur an der Volkshochschule
1982-1987
Fernstudium Fotografie an der HGB Leipzig
seit 1990
freiberuflicher Fotograf, lebt in Berlin
Buchbeteiligung:
Ost sieht West - West sieht Ost
Edition Cantz/Daimler Benz AG, Stuttgart 1990,
gleichnamige Ausstellung im Museum für Deutsche Geschichte, Berlin, 1990

Sibylle Bergemann

1941
geb. in Berlin
kaufmännische Lehre
1966
Beginn der fotografischen Ausbildung durch Arno Fischer
seit 1967
freiberufliche Fotografin, lebt in Berlin
Bücher:
Berlin, Ein Reise(ver)führer, Greifenverlag, Rudolstadt, 1980
Himmelhölle Manhattan (Text: Irene Runge), Buchverlag Der Morgen, Berlin, 1986
Du sollst nicht immer Holland sagen (Text: Irene Runge), Buchverlag Der Morgen, Berlin, 1988
Ein Gespenst verläßt Europa (Text: Heiner Müller), Kiepenheuer & Witsch, Köln, 1990
Verwunderte Wirklichkeit (Text: Jutta Voigt), ex pose, Berlin, 1992
Mode Foto Mode, Edition Braus, Dortmund, 1992

Harald Hauswald

1954
geb. in Radebeul b. Dresden
1976
Abschluß einer fotografischen Lehre
1978
Umzug nach Berlin, fotografische Arbeit für kirchliche Einrichtungen
seit 1989
freiberuflicher Fotograf, lebt in Berlin
Bücher: Ostberlin - Die andere Seite einer Stadt (Text: Lutz Rathenow), R. Piper & Co. Verlag, München, 1987 und als Bibliophiles Taschenbuch bei Harenberg-Kommunikation, 1989 und bei Basisdruckverlag, Berlin, 1990
Die dritte Halbzeit, Basisdruckverlag, Berlin, 1993
Bildbeiträge für mehrere Sammelbände, u.a. für Anders Reisen, Rowohlt Verlag

Ute Mahler

1949
geb. in Bad Berka bei Sondershausen
1968
Abitur in Oranienburg bei Berlin
1968-1969
Volontariat bei DEWAG- Werbung Berlin
1969-1974
Studium der Fotografie an der HGB Leipzig
seit 1977
freiberufliche Fotografin, lebt in Lehnitz bei Berlin
Buchbeteiligung:
Zwischenzeiten – Bilder ostdeutscher Fotografen 1987-1991, F.C. Gundlach (Hrsg.), Richterverlag, Düsseldorf, 1991

Harf Zimmermann

1955
geb. in Dresden
1962-1974
Schule und Abitur in Berlin
1977-1979
Journalistik-Studium in Leipzig
1979-1982
Arbeit als Fotolaborant
1982-1987
Studium der Fotografie an der HGB Leipzig bei Arno Fischer
seit 1988
freiberuflicher Fotograf, lebt in Berlin
Ausstellungen und Ausstellungsbeteiligungen:
Preis für Junge europäische Fotografen der Deutschen Leasing AG (Preisträger), Museum Ludwig, Köln, 1988
»Hufelandstraße Berlin 1055«, Fotogalerie Berlin-Treptow, 1989
Harf Zimmermann und Michael Scheffer, Centre Régional de la Photographie Nord-Pas-De Calais, Douchy-les-Mines, 1990

Maxim Biller

geboren 1960 in Prag, lebt seit 1970 in Deutschland. Er ist Schriftsteller und Journalist. Unter dem Titel »Wenn ich einmal reich und tot bin« erschien ein Band mit Erzählungen. Außerdem erhältlich sind seine gesammelten journalistischen Arbeiten »Die Tempojahre«.